だいじをギュッと！
ケアマネ
実践力シリーズ

モニタリング
準備から実践の流れ、事後対応まで

吉田光子

中央法規

INTRODUCTION

はじめに

モニタリングの悩みどころ

ケアマネジャーにとって、モニタリングはとても大切な仕事の1つです。しかし、実際に取り組むとなると、単にケアプランを継続するかどうかを決めるだけではない対応が求められたり、利用者によって「何をどのようにみればよいのか」という点が異なるなど、悩むことが多いのではないでしょうか。

今回そんなモニタリングに関して、基本的なところから実践に至るまで、わかりやすく解説した本が出来上がりました。経験の長い人は、本書を読んで、もう一度原点に返ってモニタリングそのものを見直してみる機会にしてください。新人の方は、興味の向いたところから読み進めて、明日からの業務に活かしてください。

モニタリングはアセスメント

さて、私はモニタリングとは、ケアプランが動き出してから行うアセスメントそのものだと考えています。もう少し丁寧に説明しないと何を言っているかわかりませんね。

ケアマネジャーとはアセスメントに基づき、その人の自立支援を目指して、利用者一人ひとりに合わせたケアプランを作る人です。

もっとも、利用者を理解しその方にあったケアプランを目指しても、最初からそれができるわけではありません。

なぜなら、初めから利用者がどんな人か理解できるはずがありませんし、最初の見立てでは、その人が自立を目指しているとも限らないからです。そもそも何を目指しているのかもわかりません。それらを少しずつ明らか

i

にしていくことがモニタリングなのです。

ケアマネジャーはいろいろな基礎職の集まり

　ケアマネジャーはそれぞれ基礎職があり、それぞれの経験を積んで、資格を取得しています。そのため、大切にしているものも、少しずつ違うことがあります。

　そうした自分の中にある基準というか、相手を理解する際の手掛かりを「物差し」として意識し、利用者の過去と、現在と未来を想像しながら（仮説を持つ）、顕在化している課題（利用者もケアマネジャーもわかっている課題）だけでなく、潜在化している課題（まだ気づいていないあるいは認められない課題）や、今後新たに発生するかもしれない課題を捉えていくことになります。

モニタリングは一人だけはできない

　そのためにケアマネジャーは、毎月のモニタリングの機会を大切にして、利用者家族と向き合い、そこからさまざまなことを紐解いていかなければならないのです。

　どんなことから利用者を理解しようとするかは、ケアマネジャーによって違うのは当然です。だからこそ自分の傾向を知り、不得手なところを見落とさないように注意していかなければなりません。さらに、ケアマネジャー一人では得られない情報があることを認め、誰と協力しながらどんな情報を集めるのか、また集められた情報をもとにどう判断していくか、その方法や偏りを防ぐ対処法についても考えておかなければなりません。

INTRODUCTION

　こうして利用者理解を深めていくことがモニタリングであり、ケアプランを最適化していく過程なのです。

ケアマネジャーの仕事には定めがある

　またケアマネジャーの仕事は法令に定められていますので、当然に守らなければならないことがあります。「モニタリングを実施した」、というだけではだめで、実施したことをその内容がきちんとわかる形で残していくことも求められています。

　どんな場合にモニタリングが必要なのか、どのように記録すればいいのか、どこに着目していくとよいのか、本書には、そうした具体的な実践するためのヒントも散りばめました。ぜひ手にとって、明日からの仕事に活かしていただきたいと願っています。

2019. 8 吉田光子

CONTENTS

はじめに ……………………………………………………………………………… i

第 1 章
モニタリングは、なぜ大切なのか?

01 もし、モニタリングがなかったらどうなる? ……………………… 002
02 モニタリングにはどのような意味がある? ……………………… 006
03 モニタリング効果を押し上げるタイミング ……………………… 010
04 運営基準におけるモニタリングの位置づけ ……………………… 014
05 ケアプランに命を吹き込むモニタリング ……………………… 018
06 ケアマネの思考力が試されるモニタリング ……………………… 020
07 モニタリングの成否は「事前準備」で8割決まる ……………… 024

第 2 章
モニタリングに必要な事前準備

01 モニタリングの機会は日常的にやってくる ……………………… 028
02 日頃からモニタリングのための「物差し」を整える ……………… 032
03 物差し設定の前に思考のフラット化を図る ……………………… 034
04 共通する物差し❶生活の変化にかかる予測 ……………………… 038
05 共通する物差し❷疾病や服薬を絡めた予測 ……………………… 042
06 共通する物差し❸環境の変化を絡めた予測 ……………………… 044
07 固有の物差し❶その人ならではの生活観 ……………………… 046
08 固有の物差し❷本人と家族の関係性 ……………………… 050
09 固有の物差し❸本人と地域の関係性 ……………………… 054
10 物差しづくりの手順❶ケアプランを見直す ……………………… 056
11 物差しづくりの手順❷多職種からの情報収集 ……………………… 060
12 物差しづくりの手順❸利用者・家族へのやりとり ……………… 064
13 「物差し」をどのように整理・保持しておくか ……………………… 068

第 3 章
モニタリングのタイミングについて

01 一見「安定している」そんなときこそ要注意 ················ 072
02 なにげない電話やメールから水面下の「変化」に気づく ········ 074
03 利用者や家族と出くわす場面を想定 ······················ 078
04 多職種からの情報でも「水面下」の動きに注意 ·············· 080
05 何らかの環境変化があった場合の考え方 ···················· 084
06 利用者の状態が急変、その後のモニタリング ················ 088
07 利用者が入院した場合、病棟訪問をどうするか? ············ 092
08 月1のモニタリングでも計るべきタイミングが ·············· 096
09 地域参加のイベントはモニタリングの絶好機 ················ 098

第 4 章
いざモニタリングへ。 実践の流れ

01 居宅での本人面談が難しい場合について ···················· 102
02 モニタリング訪問の相手への負担を想像する ················ 106
03 モニタリングの意義について理解を得る ···················· 110
04 モニタリング訪問前のアポイントメントについて ············ 112
05 利用者に会う前からモニタリングは始まる ·················· 116
06 玄関先でのあいさつから利用者と向き合うまで ·············· 118
07 「物差し」を当てて利用者の状況を聞く ···················· 122
08 ケアプラン目標の進捗状況を確認するには? ················ 124
09 利用者の訴え・感情をどう受け止めるか? ·················· 128
10 利用者の所持資料や屋内環境のチェック ···················· 130
11 認知症の人に対するモニタリングの心得 ···················· 132
12 サービス提供の場でのモニタリングの進め方 ················ 136
13 モニタリングのまとめを利用者と一緒に ···················· 140
14 モニタリング終了時の利用者・家族への配慮 ················ 144

第 5 章
モニタリング後の対応について

01 モニタリング情報をどのように整理するか? ┈┈┈┈┈┈┈ **148**
02 第5表をまとめつつケアプラン見直しの要否を ┈┈┈┈┈┈ **152**
03 サービス提供者とのモニタリング情報共有 ┈┈┈┈┈┈┈ **156**
04 主治医等との情報共有を要するケース ┈┈┈┈┈┈┈┈ **158**
05 虐待の兆候があるなど緊急対応が必要な場合 ┈┈┈┈┈┈ **160**
06 ケアプランの見直しを行った後の動き方 ┈┈┈┈┈┈┈┈ **164**
07 指導・監査で問題にされがちなポイント ┈┈┈┈┈┈┈┈ **168**

第 6 章
事例で振り返るモニタリングの勘所

01 サービス開始後の初めてのモニタリング
　　―「使ってみて」の課題を把握し、目標の進捗と生活への影響を見極める― ┈┈┈┈┈┈┈ **174**
02 一見、経過順調ケースでのモニタリング
　　―表に出ていない課題はないか、ケアマネジャーの掘り起こし能力が試される― ┈┈┈┈┈ **179**
03 利用者からの相談を受けてのモニタリング
　　―利用者の混乱した訴えを整理し、潜んでいた課題を見極める― ┈┈┈┈┈┈┈┈┈┈ **184**

著者紹介

タスにゃん
人を助(タス)けることに喜びを感じ
ネコ一倍仕事(タスク)に燃えるケアマネ5年目のネコちゃん。
肩にかけているタスキは使命感の象徴。
ツナ缶(マグロ)とレタスが大好物。

モニタリングは、
なぜ大切なのか?

1

CONTENTS

01 もし、モニタリングがなかったらどうなる?

02 モニタリングにはどのような意味がある?

03 モニタリング効果を押し上げるタイミング

04 運営基準におけるモニタリングの位置づけ

05 ケアプランに命を吹き込むモニタリング

06 ケアマネの思考力が試されるモニタリング

07 モニタリングの成否は「事前準備」で8割決まる

01 もし、モニタリングがなかったらどうなる?

POINT
モニタリングは、なぜ大切なのでしょうか?
それが行われなかったとして、ケアマネジメントは
どうなるのでしょうか。そこから考えます。

まずは、想像してみましょう

　居宅介護支援の運営基準では、最低でも月1回（予防マネジメントの場合は3か月に1回）のモニタリングが義務づけられています。

　法令で定められているのですから、ケアマネジメントにおける大切な一過程であることは明らかです。では、なぜ「大切」なのでしょうか。

　この点を掘り下げる前に、「もしモニタリングがなかったら」を考えてみましょう。皆さんの日々の業務に沿って、想像してみてください。

「無用な我慢」と「知らず知らずのうちの悪化」

　利用者から最初に相談を受け（インテーク）、アセスメントを行い、ケアプランの原案を作成します。次に、原案について利用者の承諾を得て、（利用者の選択に基づいた）サービス事業者との調整を図ります。

　そして、サービス担当者会議を開き、ケアプラン原案を固めたうえで、そのプランに沿ってサービスがスタートする——これが初期の大まかな流れです。

　仮にモニタリングという過程がなかったとします。そうなると、その後にケアマネジャーがかかわるのは、おおむね以下の2パターンとなります。

❶利用者が更新・区分変更認定を受けた場合、❷利用者から「サービスを変更したい」などの申し出があった場合です。この2つのタイミングで、改めてサー

01 もし、モニタリングがなかったらどうなる?

1 モニタリングは、なぜ大切なのか？

図表1-1　もし、モニタリングがなかったら……

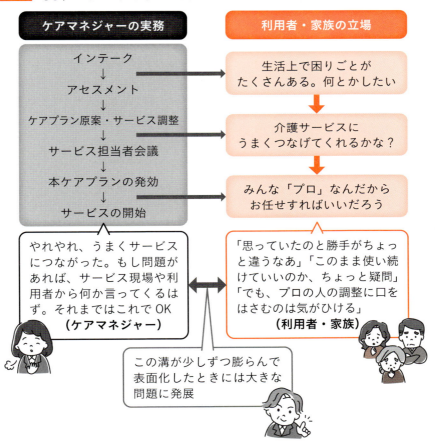

ビス担当者会議を開き、ケアプランの見直しを図ることになります。

ここで問題となるのは、❷のパターンです。

利用者やその家族は「プロ」ではありません。「どうもサービスが自分（本人）に合っていないようだ」とか「サービスを続けても生活のしづらさがあまり変わらない」と思っても、「プロが立てたプランだから我慢しよう」となりがちです。

また、本人や家族も気づかないなかで、（サービスを受けているにもかかわらず）身体機能や認知症の症状が少しずつ悪化することもあります。

いつしか「コップの中の水があふれる」ように……

　その結果、本人や家族が❷の申し出を行ったタイミングでは、生活上の不具合がかなり進んでしまっている可能性があります。ちょうど、コップに少しずつ水がたまり、それを放置することで「水があふれてしまう」という状態です。

　そこからプランの見直しを図るとなれば、「本人の状態が変わってしまっている」ことも想定しつつ、一からアセスメントを取り直さなければなりません。

　その結果によっては、目標設定や援助内容、その援助を手がけるサービス事業者などもまるで変わってしまうこともあるでしょう。

　そうなった場合、最もダメージを被るのは利用者とその家族です。サービス利用も「生活の一部」となっているなかでは、その変化に対応するだけで生活サイクルが乱れたり、心労が積み重なることになりかねません。

利用者・家族との信頼関係もどんどん崩れていく

　もっと深刻なのは、本人・家族が大きな心労を背負うことで、ケアマネジャーへの不信、もっと言えば介護保険そのものへの負の感情が芽生えることです。

　本人・家族にしてみれば、「プロの人たちを信頼していたのに、自分たちの大変さを何もわかっていない」という気持ちになるのは当然でしょう。

　そうなれば、仮にプランの見直しからサービス利用のリスタート（再出発）が果たせたとしても、生活に対する前向きな姿勢はなかなか修復できません。

　このように、モニタリングがなければ、本人・家族がケアマネジャー、事業者と二人三脚で生活を整えていくという歩みが遠のいてしまうわけです。

　利用者・家族との信頼関係を維持し、向上させていくには、モニタリングを通して表面に現れにくい違和感や潜在化する課題をつかまなければなりません。

01 もし、モニタリングがなかったらどうなる?

図表1-2 「コップの水」があふれてしまうとどうなるか?

> 気がついたときには、利用者の状態が大きく変化していたり家族の疲労が進んでいる。
> 生活にかかる意向や意欲にも影響が出る

> 一からアセスメントを取り直したり、目標を設定し直したりそれに伴ってサービス内容の大幅な変更も必要になる

> 大幅な変更に伴って、利用者や家族に大きな負担が生まれ、ケアマネジャーやサービス事業者に対する強い不信も生じてくる

> 支援の再出発につながっても、利用者とケアマネジャーの信頼関係はもろくなり、「安心して任せることができない」という心理から日々の不安や心労が積もる。→自立支援の阻害になる

まとめ

- モニタリングがないと、利用者や家族がひっそり抱える「サービスへの違和感」や、水面下で膨らんでいる「課題」に気づく機会が損なわれます。その蓄積が限界を超えたとき、大きな問題が顕在化します。
- 大きな問題が顕在化すると、プラン変更などの対応も慌ただしくなります。利用者や家族にとっては、生活サイクルが乱れ、QOL低下も著しくなります。これを境に、ケアマネジャーへの信頼も揺らいでしまうでしょう。

02 モニタリングにはどのような意味がある?

> **POINT**
> モニタリングは、ケアプランの進捗を計る機会だけではありません。それを通じて、利用者のQOL向上にも寄与します。

ケアプラン見直しを計ること……だけではない

　モニタリングには、どのような意味があるのでしょうか。ケアプランの進捗をチェックしつつ、見直しを計ること？　それだけでしょうか。

　もう少し、モニタリングの可能性というものを掘り下げてみましょう。

　どんなに実績のあるケアマネジャーでも、利用者やその家族と初めて出会い、そこからケアプランを作成するまでの間で知り得ることには限りがあります。

　ましてや、本人や家族は「介護」という課題に直面し、冷静に自分を振り返るのも難しい場合があります。そうなると、表に出せる意向も狭くなりがちです。

モニタリングを通じて見えてくる面もある

　もちろん、相手にこちらへの信頼と安心をもってもらい、心を開いてもらうことで、本人も気づかなかった生活への意向を掘り起こすことはできます。

　それでも、人同士が最初から「わかりあえる」範囲は限られるものです。

　その人なりの「している・してきた生活」も、限られた時間のなかでは、こちらに見えていない部分も多いはずです。つまり、初期のアセスメントでその人の課題をすべて、完全に把握することは大変に難しいわけです。

　当然、初期のアセスメントをもとに作成したケアプランが、本当にそれでいいのかどうかという問題にもつながっていきます。

02 モニタリングにはどのような意味がある?

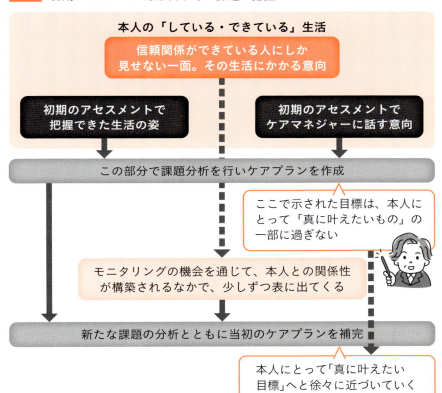

図表1-3 初期アセスメントで表出されない課題の把握

　決して、最初のケアプランに不備があるというわけではありません。ただ、最初は見えなかった一面(その人らしい生活の姿)がその後に浮かんでくるなかで、そこには新しい課題や目標が生じることもあります。

　例えば、「家事なんてやったことがない。整理整頓も妻に任せきり(妻も「私が全部やっている」)」という人がいました。

　ところが、その人は読書好きで、ケアマネジャーと好きな作家の話で意気投合したとき、「あの作家の本はここにあるんだ」と自分で取り出しました。

　よく聞くと、床からの立ち座りが厳しくなっているため、書棚の高い位置の本は妻が整理していますが、低い位置の本は自分でいつも整理しているとのこと。

要するに、自分なりに「整理整頓」の習慣はあったわけです（ただし、本人は、その程度のことを整理整頓とは考えていませんでした）。

「新たな一面」がケアプランの補完につながることも

　こうした「している生活」が新たに見えてくれば、同じ機能訓練でも「書棚の上のほうまで自分で整理する」という明確な目標を定めることができます。

　このケースでいえば、本人とケアマネジャーの付き合いが深まることで、新たな一面が見えたことになります。その結果、初期アセスメントだけでは導き出せなかったケアプランの補完が行われたわけです。

　この「新たな一面」を引き出し、そこにある利用者の可能性に気づく機会となるのがモニタリングです。モニタリング以外でも本人のことを「もっと知る」機会は設けられますが、モニタリングという実務のなかで、「本人のしている生活」の範囲が最初の見立てでいいのかどうかという意識づけが強化できます。

モニタリング自体が利用者にとっての「支援」に

　ここで重要なのは、モニタリングそのものが利用者のことをもっと知り、その人のQOLを向上させるための機会になっているということです。

　最初に設定した目標に近づいているか否かだけでなく、「もっとその人らしい生活を実現する」という上積みを目指す——これもモニタリングの目的です。

　一方、モニタリングを通じて、利用者の意欲も変わってくることがあります。

　先のケースでは、本人は「大したことではない」と思っていた生活習慣が、ケアマネジャーの見立てでは「自分らしさを発揮している、すごいこと」でした。

　ケアマネジャーがモニタリングを通じてそれを指摘することで、本人は改めて「自分でできていることは意外に多い」と気づきます。そこをスタートラインとして、「もっと頑張れることがある」という希望も表に出てくるかもしれません。

　この点を考えたとき、モニタリングそのものを、利用者の意欲を引き出す支援ツールにすることもできるわけです。

02 モニタリングにはどのような意味がある?

1 モニタリングは、なぜ大切なのか?

図表1-4 モニタリングを通じるなかで「生まれてくる」もの

本人の思い・行動

モニタリングを通じた
ケアマネとのやりとり
→ 「自分では意識していなかった可能性について気づかされた。その部分に向けてもっと頑張ってみよう」

↓

新たな意向に沿った
目標設定の補完
→ 「この目標なら、もっと自分が前向きになれる。サービスを利用するなかで生活に張りが出てきた」

↓

家族やサービス担当者との
関係もポジティブに
→ 「家族も以前より明るくなってサービス担当者との会話もはずむように。自分にとっても嬉しい」

まとめ

・利用者との関係が十分に築けていないなかで、その人の「生活の姿」や「意向」で把握できるのはごく一部に過ぎません。モニタリングを通じた関係構築によって、上積みされた部分に気づくこともあります。

・利用者の「埋もれていた意向」が見えてくることで、ケアプランの目標設定も本人にとって「よりリアル」なものへ進化させることもできます。その結果、生活の張りとともにQOLの向上へとつながります。

03 モニタリング効果を押し上げるタイミング

> **POINT**
> モニタリングは、結果として利用者のQOL向上に寄与します。そのためには、本人・家族の信頼を積み上げていくことが大切です。

必要なのは、本人・家族との信頼を築くこと

　モニタリングは、利用者のQOL向上に寄与できると述べました。

　ただし、そこに至るには、モニタリングを通じて本人・家族の信頼を積み上げていくことが欠かせません。その信頼というのは、「この人は自分たちのことを気にかけてくれている」という実感のなかから生まれるものです。

　例えば、同じ月1回の訪問・面談でも、本人・家族にとって「本当にいいところで訪問して話を聞いてくれる」と感じるタイミングがあります。このタイミングを意識できるかどうかが、モニタリングの効果を大きく左右します。

サービス利用が始まった直後のタイミング

　では、どのようなタイミングでモニタリングが必要になるのでしょうか。

　まず必要なのは、サービスの利用が始まった直後です。

　ケアマネジャーとしては、利用者の意向を把握し、課題分析を行ったうえで、「この人にはこの支援が必要」という確かな見立てをしているはずです。

　しかし、それはあくまでケアマネジャーの立場から行う「見立て」です。利用者としては、「見立て」の説明は受けても「自分の実感」のなかに落とし込んでいるわけではありません。

　そのため、本人がサービスを使い始めたとき、「どうも思っていたのと違う」と

03 モニタリング効果を押し上げるタイミング

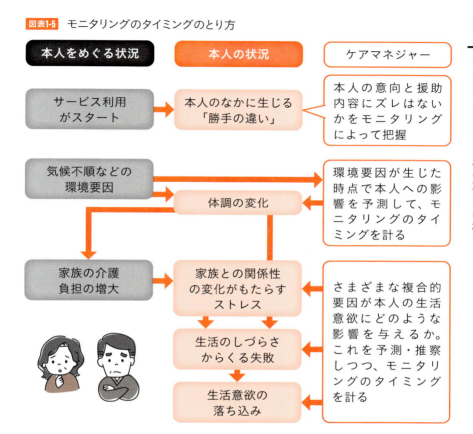

図表1-5 モニタリングのタイミングのとり方

1 モニタリングは、なぜ大切なのか？

いう感覚が生じることもあります（これは、家族も同様です）。この点を確認しつつ、サービス担当者も交えながらズレを修正していくことが必要になります。

どんなに小さな違和感でも、それを放置すれば、いつしか「サービス利用の中止」から「大幅なケアプランの変更」につながりかねません。

利用者側の違和感が生じた理由や何を「違う」と感じたのか、それを明らかにしておくことが大事なのです。

011

本人をめぐる環境等が変化したタイミング

　次にポイントとなるタイミングは、利用者をめぐる状況が変化したときです。

　利用者自身の状態、つまり疾病の悪化や運動機能の低下が生じれば、そこには新たな課題も生じ、目標設定や支援内容の見直しも必要になるでしょう。

　問題は、本人の状態変化には何らかの原因があることです。例えば、気候や本人をめぐる社会環境、家族の介護力の変化なども一因となります。

　この点を考えたとき、心身の状態変化を生み出す「環境の変化」などに目を向けて、それが生じた時点でモニタリングを行うことが望まれます。

　原因となる出来事が生じた時点でモニタリングを行えば、「それによって本人にどのような影響が生じるか」という予測を立てることができます。

　この見立てができていれば、本人に深刻な影響が及ぶ前にサービスを微調整するなど、先手を打ちつつ事態の深刻化を防ぐことができるわけです。

本人の心理状態に変化が生じているタイミング

　本人・家族をめぐるさまざまな環境の変化、それによって生じる心身の状態の変化などは、本人の生活意欲にも大きく影響します。

　例えば、気候の不順などによって利用者が体調を崩し、それによって今まで経験したことのない失敗をしたとします。本人にしてみれば大きなショックであり、今まで社交的だった人が一気に消極的になることもあります。

　家族やサービス担当者など周囲の人にしてみれば、まるで別人のようになった本人と接しながら大いに戸惑うかもしれません。戸惑うままに叱咤激励などしても、それはかえって本人の「つらさ」を増してしまうことにもなります。

　ここで大切なのは、本人の「つらさ」にきちんと寄り添い、共感を図ることです。これもモニタリングの機能の１つといえるでしょう。

　となれば、サービス担当者などからの報告を受けるなかで「本人の心理状態に何らかの変化が生じているのでは」とピンときたとき、これもモニタリングを行うタイミングであることを頭に入れておきたいものです。

03 モニタリング効果を押し上げるタイミング

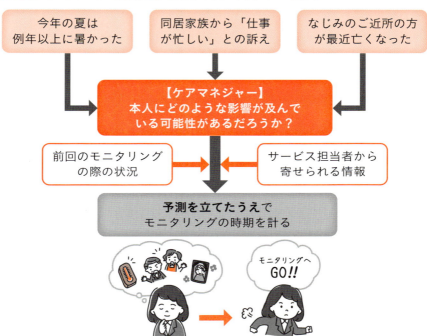

図表1-6 モニタリングの時期を計るためのケアマネジャーの思考

- 利用者のQOL向上に欠かせないのは、ケアマネジャーとの信頼の積み重ねです。信頼を築くには、利用者が「自分たちのことをよく見てくれている」と実感できるタイムリーなモニタリングが必要です。
- モニタリングのタイミングとしては、❶利用者のサービス開始直後、❷本人をめぐるさまざまな環境変化の発生、❸❷などを契機とした本人の心理状態の変化という3つを目安としましょう。

＼まとめ／

04 運営基準におけるモニタリングの位置づけ

POINT
モニタリングの重要性を頭に入れたうえで、運営基準での位置づけを確認します。2018年度改定の多機関との連携にも注目を。

運営基準、2つのポイント

　居宅介護支援の運営基準では、第13条の第13、14号においてモニタリングの実施をはっきりと義務づけています。具体的な条文は図表1-7のとおりです。

　ここで2つのポイントを押さえておく必要があります。

　1つは、「1月に1回、利用者宅を訪問しての面接」は、モニタリングの規定においては「少なくとも」という最低限の規定であること。

　もう1つは、「利用者およびその家族」だけでなく、「指定居宅サービス事業者等」との継続的な連絡も必要とされているという点です。

　これらの点から、モニタリングは「1月に1回」「利用者宅を訪問し」「記録を残せばいい」という形式的な実務にとどまらないことになります。

基準に示された「継続的な連絡」は誰と行う?

　そのうえで注意したいのは、「継続的な連絡」です。

　連絡というと「電話で『サービス利用の具合』などについてヒアリングする」というイメージがあります。これに対し、第13条第13号では「利用者についての継続的なアセスメントを含む」と明記されています。

　つまり、初期のアセスメントが正しかったのかどうか、新たに浮かんでいる課題はないのかどうかを把握するという実務が伴わなければなりません。

04 運営基準におけるモニタリングの位置づけ

図表1-7 居宅介護支援の運営基準でのモニタリングの条項

> ●第13条第13号
> 介護支援専門員は、居宅サービス計画の作成後、<u>居宅サービス計画の実施状況の把握（利用者についての継続的なアセスメントを含む。）</u>を行い、必要に応じて居宅サービス計画の変更、指定居宅サービス事業者等との連絡調整その他の便宜の提供を行うものとする。
> ●第13条第14号
> 介護支援専門員は、第13号に規定する実施状況の把握（以下「モニタリング」という）に当たっては、利用者及びその家族、<u>指定居宅サービス事業者等との連絡を継続的に行う</u>こととし、特段の事情のない限り、次に定めるところにより行わなければならない。
> イ　<u>少なくとも１月に１回、利用者の居宅を訪問し、利用者に面接すること。</u>
> ロ　<u>少なくとも１月に１回、モニタリングの結果を記録すること。</u>

運営基準から注意したいこと

モニタリングの中身とは何か？

❶最低月に１回、利用者宅を訪問して面接し、その結果を記録する
❷利用者についての「継続的なアセスメント」を含む
❸利用者や家族だけでなく、指定居宅サービス事業者等（かかりつけの医師や歯科医師、薬剤師も含む）との連絡も継続的に行う

　加えて、「指定居宅サービス事業者等」との連絡も必要になりますが、ここでも前述した「継続的なアセスメント」を意識した情報共有が求められます。
　ちなみに、ここでは指定居宅サービス事業者「等」となっています。この「等」には、例えば、利用者の主治医なども含まれます。

<u>2018年度基準改定で強化された対医療等の連携</u>

　主治医などとの継続的な連絡という点で思い起こされるのが、2018年度の運営基準改定で、ケアマネジャーに課せられた新たな責務です。

具体的には、図表1-8に示した「平時からの医療機関との連携促進」です。対象となるのは、主治医だけでなく歯科医師や薬剤師も含まれます。

　例えば、利用者との面会によって「気になる点」を発見したとして、ケアマネジャーは必要に応じて主治医などに情報提供しなければなりません。

　その際、逆に主治医の側から「直近の診察結果はこうだった」という情報を受け取るケースも想定されます。情報の相互交換がなされるわけです。

　仮に「持病の具合があまり思わしくない」という情報が得られれば、「利用者の『している生活』に何らかの影響が及んでいるのではないか」という仮説を立てて、利用者との面会によるモニタリングに臨むことができます。

　これにより、モニタリングで得られる情報の精度が上がり、早期のケアプラン見直しなどにつなげて、利用者の自立支援が進むわけです。

多機関からの情報をモニタリングにどう活かすか

　居宅サービス事業者との情報共有でいえば、やはり2018年度の報酬・基準改定により、事業者からケアマネジャーへの情報提供の責務も強化されています。

　例えば、訪問介護では、利用者の口腔や服薬の状況などについて、現場のヘルパーが気づいた点を「サービス提供責任者を経由してケアマネジャーに伝える」ことが義務づけられました。また、通所介護で新設された栄養スクリーニング加算では、スクリーニングした状況を担当ケアマネジャーに伝えることが要件となっています。

　このように、医療・介護の多機関・多職種から、日々ケアマネジャーに伝えられる情報が増えるなかで、「そこから何を読み取るか」「利用者との面接によるモニタリングにどう活かすか」が今まで以上に問われることになります。

　ケアマネジャーに寄せられる多様な情報と、自身が把握したモニタリングの結果をどのように結びつけるか。モニタリングに際しては、こうした「情報の整理や分析」にかかるスキルを磨いていくことが欠かせません。

04 運営基準におけるモニタリングの位置づけ

図表1-8 2018年度改定で運営基準に追加されたこと

●第13条第13号の2
介護支援専門員は、指定居宅サービス事業者等から利用者に係る情報の提供を受けたときその他必要と認めるときは、利用者の服薬状況、口腔機能その他の利用者の心身又は生活の状況に係る情報のうち必要と認めるものを、利用者の同意を得て主治の医師若しくは歯科医師又は薬剤師に提供するものとする。

例えば、訪問介護のサービス提供責任者からはどのような情報が？

●(訪問介護の運営基準) 第28条第3項 第2号の2
居宅介護支援事業者等に対し、指定訪問介護の提供に当たり把握した利用者の服薬状況、口腔機能その他の利用者の心身の状態及び生活の状況に係る必要な情報の提供を行うこと。

> - 運営基準で定められているモニタリングは、「月1回の利用者訪問による面会・記録」だけではありません。継続的なアセスメントのほか、居宅サービス事業者等との継続的な連絡も義務づけられています。
> - 2018年度の基準改定では、モニタリングで得られた情報について、主治の医師や歯科医師、薬剤師に対して必要に応じて提供することが義務づけられました。そこでの情報交換もモニタリングに反映し、結果をもとにさらに連携を進めましょう。

＼まとめ／

1 モニタリングは、なぜ大切なのか？

05 ケアプランに命を吹き込むモニタリング

> **POINT**
> 制度上でも、ますます重要視されるモニタリング。
> ケアマネジャーに求められているものは何か、
> という視点を掘り下げます。

モニタリングの質とは何か？

　制度上でもモニタリングの重要性がますます高まるなか、そのモニタリングの質を上げることがケアマネジャーにとって欠かせない責務となっています。

　では、モニタリングの質とは何でしょうか。一言でいえば、利用者の自立支援に向けて、ケアマネジメントを機能させる「エンジン」としての役割です。

PDCAサイクルを円滑に動かせるかどうか

　介護サービスでは、よくPDCAサイクルという言葉が使われます。

　プランを立て（P）、それを実行し（D）、結果を検証して（C）、最初のプランの見直し（改善）を図る（A）という一連のサイクルを指します。これによって、利用者の自立支援に向けた精度を高めていくわけです。

　ケアマネジメントでも同様です。最初に立てたケアプラン上の目標によって、利用者自身が主体的に「頑張ろう」という気になるか、その意欲が「している生活」の拡大へと現実につながっていくかどうか。これを見極め、随時のケアプランの見直しを図っていく——これがケアマネジメントのPDCAサイクルです。

　しかし、ケアマネジメントでは、実際のケアが目の前で展開されているわけではありません。サービス現場で何が行われているか、それによって利用者にどんな影響が及んでいるかについては、ケアマネジャー自らがアンテナを張り巡らせ

05 ケアプランに命を吹き込むモニタリング

図表1-9 「エンジン」としてのモニタリングの位置づけ

モニタリングは、なぜ大切なのか？

て、状況の把握に必要な情報収集を行わなければなりません。

その機会となるのがモニタリングであり、それによってPDCAサイクルをしっかり動かせるのかが問われます。言い換えれば、モニタリングがエンジン役の機能を果たせなければ、ケアプランは「机上の空論」となってしまうわけです。

- 質の高いモニタリングとは何をいうのでしょうか。ただ「利用者をよく見ているかどうか」ではなく、ケアマネジメント全体の流れのなかでモニタリングの役割を位置づけていくことが必要になります。
- PDCAサイクルは、ケアマネジャーに「動かす」という意識がなければ機能しません。その「動かす」ためのエンジン役となるのがモニタリングであると意識しましょう。

\まとめ/

019

06 ケアマネの思考力が試されるモニタリング

POINT
PDCAサイクルを動かすためのモニタリングには何が必要でしょう。
問われるのはケアマネジャーの思考力です。

どうすればモニタリングの質向上が可能か？

　前項05で述べたとおり、ケアマネジメントのPDCAを機能させるためには、モニタリングの質の向上が不可欠です。では、どうすれば質を向上させられるのでしょうか。

　利用者ときちんと向かい合い、本人・家族の訴えに真摯に耳を傾ける？　五感を張り巡らせて、利用者の「している生活」をキャッチする？

　あるいは、サービス担当者や主治医から情報を取得するとして、まめにコンタクトをとる？　足しげく事業所や医療機関に足を運ぶ？

　刑事ドラマではありませんが、「靴底を減らす」「汗をかく」が基本──恐らく、多くのケアマネジャーはそう考えているのではないでしょうか。

目の前の事象の背景に「何があるのか」を探る

　もちろん、情報収集ですから、上記のような労力も必要でしょう。しかし、ケアマネジャーのモニタリングには、もっと大切なことがあります。

　それは、モニタリングを通じた「思考力」です。「思考力」というと、「頭でっかち」のようなネガティブなイメージをもたれる人もいるかもしれません。

　しかし、考えてみてください。同じ状況（利用者のちょっとした言動や表情など）に接したとして、そこから得られる情報量は人によって異なります。

06 ケアマネの思考力が試されるモニタリング

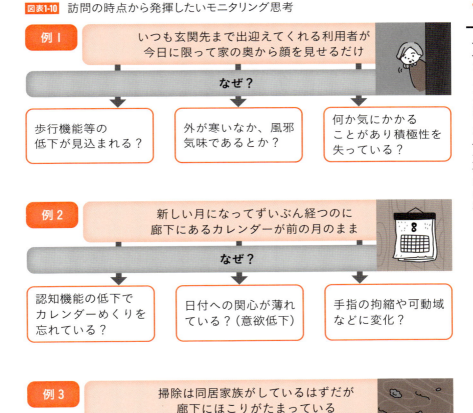

図表1-10 訪問の時点から発揮したいモニタリング思考

　その差はどこから生じるのかというと、1つの事象から情報を掘り出すための「思考力」が働いているかどうか。つまり、目の前の事象の背景に「何があるのか」について、頭のなかで掘り下げる作業がポイントになるわけです。

背景に気づくスキルは「感受性」だけではない

　介護現場に従事する人は、こうした「掘り下げ」をよく「気づき」と呼びます。「気づき」というと、感受性によるものと思われがちです。確かに、感受性が鋭いか否かで、生じている課題に気づける範囲に差が生まれることもあります。しかし、もって生まれた感受性だけが、気づく力を左右するわけではありません。

　たとえ「自分は感受性が鈍い」と思っている人でも、あきらめる必要はありません。意識して思考力を働かせれば、十分にカバーできるからです。

　では、利用者の生活に潜んでいる課題があるとして、それに気づくための思考力を働かせるには、どのようなコツがあるのでしょうか。まずは、利用者宅を訪問したときの情景を想像してみましょう。

常に「なぜ」を繰り返して思考を継続すること

　例えば、訪問して玄関の呼び鈴を押す。インターホンで「開いていますのでどうぞお入りください」と言われ、ドアを開ける。

　そのとき、以前の訪問では本人が玄関まで迎えに出てきたのに、その日は廊下の奥に立って「どうぞお上がりください」と手招きしていたとします。

　ここで、「なぜ玄関先まで出てこないのだろうか」という思考が働けば、運動機能の低下や体調の不良、心理状況の変化などいろいろなことが想像できます。

　つまり、1つひとつの状況に対して「なぜ?」という思考を働かせることができるかどうか。これがモニタリングの入口となるわけです。

　そして、このときの「なぜ」から生じた仮説を頭に入れつつ、相手とのやりとりを通じて「裏をとる」（検証する）流れになります。

　仮に「運動機能の低下」という仮説があるとするなら、相手の立ち座り、歩行状態、座る位置などを観察しつつ、「今日のように寒いとお出かけはつらいですよね」という具合に、相手に気を遣わせないよう状況を聞き出します。

「そんなことはない。今日も午前中は買い物に行きましたよ」という返事が返ってくれば、最初の仮説を修正して、別の「なぜ」に移っていく——このように、常に思考を継続させることが、気づきの可能性を広げていくことになります。

06 ケアマネの思考力が試されるモニタリング

1 モニタリングは、なぜ大切なのか？

図表1-11 モニタリングで必要なのは、思考の継続

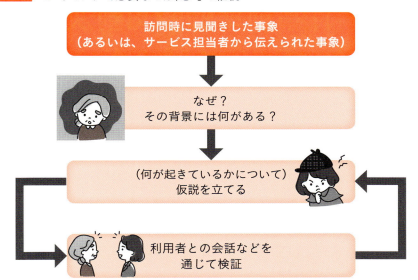

　まずは、「なぜ?」の思考を止めず、自問自答しながら真実に迫っていくという習慣を身につけること。これがモニタリングの質を上げる第一歩といえます。

・利用者の訴えを受け身で聞くだけがモニタリングではありません。五感を張り巡らせて、利用者の「している生活」の背景に何があるのかを察知し、新たな課題を発見することもモニタリングの役割です。
・課題に気づけるかどうかは、感受性の問題だけではありません。大切なのは、「なぜ?」を自問自答しながら仮説を立て、検証し続けることです。この思考の継続こそが、課題発見の道筋となります。

まとめ

023

07 モニタリングの成否は「事前準備」で8割決まる

> **POINT**
> その場で仮説を出すのには限界があります。
> 大切なのは、事前準備の過程で、
> どんな点に着目するかを整理しておくことです。

利用者のどんな部分で「なぜ？」が発生するか

モニタリングでは、自問自答による思考の継続が大切と述べました。

しかし、利用者と会ってから「仮説を立てて検証する」というのは、相当な頭脳のキレを必要とします。人間はコンピュータではありませんから、行き当たりばったりでは、どうしても見落としや検証漏れが生じるものです。

これをカバーするために、どんな部分で「なぜ？」が発生するのかという着眼点を事前に整理しておきましょう。入念な準備が求められるわけです。

その人の「象徴的な生活」を事前に描き出す

モニタリングにかかる比重の8割は事前準備といえます。

では、何を準備すればよいのでしょうか。一言でいえば、利用者の生活状況の把握に向けた「思考」を継続させるための準備です。

例えば、前項06の「玄関先での様子」を例にあげてみましょう。

要支援・要介護状態であるにもかかわらず、「玄関先で訪問者を出迎える」というのは、その人らしさを支えている「象徴的な生活シーン」といえます。

その「象徴的な生活シーン」に変化が生じていれば、気になる事象といえるでしょう。これがつかめなければ、変化に気づくこともできないため、モニタリングの失敗につながりかねません。

07 モニタリングの成否は「事前準備」で8割決まる

図表1-12 課題発見に向けた「事前準備」の流れ

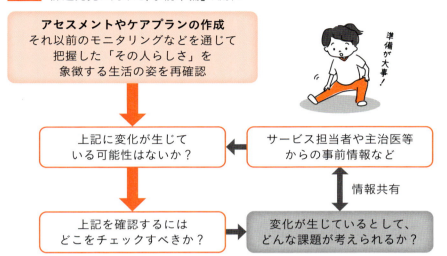

では、この「象徴的な生活」を事前にどのようにピックアップし、状況に応じた仮説を立てていけばよいのでしょうか。次章では、このモニタリング前の事前準備の方法について、掘り下げていきたいと思います。

- 行き当たりばったりで利用者に会っても、「気になる事象」に気づける範囲はどうしても限られてしまいます。あらかじめ「どんな事象が想定されるか」というチェックポイントを備えておくことが必要です。
- 着目したいのは、アセスメントやケアプラン作成を通じてキャッチした「その人らしさ」を象徴する生活のシーンです。そこに変化が生じているとすれば、大きな課題があることが予測できます。

モニタリングに
必要な事前準備

2

CONTENTS

01 モニタリングの機会は日常的にやってくる

02 日頃からモニタリングのための「物差し」を整える

03 物差し設定の前に思考のフラット化を図る

04 共通する物差し❶生活の変化にかかる予測

05 共通する物差し❷疾病や服薬を絡めた予測

06 共通する物差し❸環境の変化を絡めた予測

07 固有の物差し❶その人ならではの生活観

08 固有の物差し❷本人と家族の関係性

09 固有の物差し❸本人と地域の関係性

10 物差しづくりの手順❶ケアプランを見直す

11 物差しづくりの手順❷多職種からの情報収集

12 物差しづくりの手順❸利用者・家族へのやりとり

13 「物差し」をどのように整理・保持しておくか

01 モニタリングの機会は日常的にやってくる

> **POINT**
> 月1回の面談だけがモニタリングではありません。
> 思わぬときにモニタリングの機会が
> 生じることもあります。

「モニタリングする」という意識の有無にかかわらず……

　月1回の利用者との面談だけがモニタリングではない——第1章をお読みになったケアマネジャーであれば、当然心得ていることと思います。モニタリングの必要性は、利用者の状況や環境の変化などによって随時生じるものです。

　時には、「今日はモニタリングを行う」といった意識の有無にかかわらず、モニタリングの機会が突然訪れることもあります。

PDCAサイクルは常に回っているという感覚

　例えば、別件または私的な用事で道を歩いていたとき、利用者の家族にばったり会うというケース。あるいは、利用者の側から（ちょっとした問い合わせなどで）ケアマネジャー宛てに電話がかかってくるというケース。

　前者であれば、なにげなくあいさつを交わす。後者であれば、問い合わせの要件だけに応える。そんな感じになっていないでしょうか。

　仮に、「利用者について気になっていること」への心構え（準備）があれば、もう一歩踏み込んで「気になるポイント」を探ることができるはずです。

　それができれば、場合によっては、利用者のアセスメント情報を更新することができるかもしれません。「道でばったり」も「向こうから電話」も、そうしたせっかくの機会です。それなのに、「後で確認すればいい」では、もし利用者に何

01 モニタリングの機会は日常的にやってくる

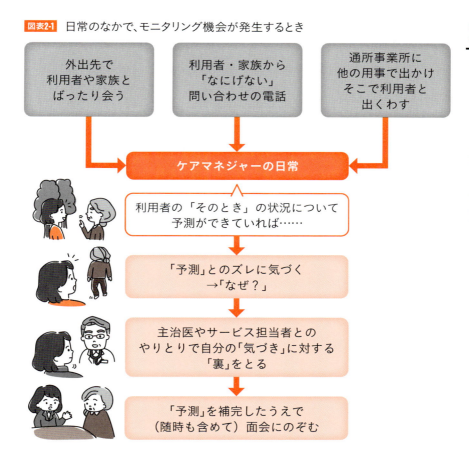

図表2-1 日常のなかで、モニタリング機会が発生するとき

らかの変化が生じていれば対応が後手に回ることになります。

察しのいい方はお気づきでしょう。継続的なケアマネジメントに必要なPDCAサイクルは、常時回っているという感覚が必要なのです。

いつもと違う状況に対する「なぜ」を忘れずに

以上の点を考えたとき、向こうからやってくるさまざまな機会を想定し、常にモニタリングの準備をしておけるかどうかがケアマネジャーの力量といえます。

「道で利用者の家族とあいさつするくらいで、大げさな」と思っていませんか？

　例えば、利用者と家族の生活状況がきちんと把握できていれば、「あれ？　何でこんな時間に家族が外出しているのだろう」と疑問に思うはずです。前章で述べた「なぜ？」がここで生じることになります。

　いつもは、この日のこの時間、利用者がデイサービスから帰ってきて出迎えの対応をしているはず——という状況を把握していたとします。

　当然、「何かあったのかな？」という疑問が浮かぶでしょう。といって、家族の様子を見ると、急いではいるが大きな問題が生じたわけではなさそうです。

　もっとも「何かあったのですか？」とストレートに聞けば、相手に無用な気遣いを与えないとも限りません。そこで「こんにちは。いい天気ですね。どちらかへお出かけですか？」という具合に、遠回しに確認してみます。

なにげない日常のなかでも、「仮説→確認」の習慣を

　すると、「家の紙おむつが切れていたので買いに行く」という答えが返ってきました。ここでどんなことが想定できるでしょうか。

　仮に、いつも家のことはしっかりやる（紙おむつもスペアを欠かさない）という家族が、「おむつを切らした」となればさまざまな仮説が浮かびます。

　家族の心身に余裕がなくなっている？　あるいは、家族の準備も間に合わないほど、利用者の失禁の頻度が増している？

　こうした仮説を立てることができれば、その確認のためにいくつかの対応が考えられます。例えば、携帯からデイサービス事業所に連絡をして「今日○○さんに何かあったかどうか」を尋ねる、あるいは、翌日もデイサービスに通う日であれば、事業所に足を運んで利用者の様子を実地で確認するという具合です。

　家族のことが気になるなら、場合によっては家族の「おむつ購入」に付き合いつつ、「最近、お疲れではありませんか」などと探ってみてもいいでしょう。

　なにげない日常でも、心がけ次第でモニタリングの精度は上がっていきます。

01 モニタリングの機会は日常的にやってくる

図表2-2 「予測」とのズレから「新たな仮説」を立てる流れ

```
┌──────────────────────────────────────────────┐
│           事前に把握できていること                    │
└──────────────────────────────────────────────┘
```

| ○○さんの家族は細かいくらいにしっかりもの | ○○さんの家族の仕事は、今の所さほど忙しくない | ○○さんは排泄に関しては一応自立できている |

```
┌──────────────────────────────────────────────┐
│         これから先の状況についての予測                 │
└──────────────────────────────────────────────┘
```

| やや「頑張りすぎ」の感あり。燃え尽きが心配 | 「会社が人手不足」とのこと。これからどうなる？ | 引き続き排泄のコントロールはできているとは思う |

```
┌──────────────────────────────────────────────┐
│   外出先で、「おむつ購入」に出かけた家族とばったり         │
└──────────────────────────────────────────────┘
```

```
┌──────────────────────────────────────────────┐
│          事前の「予測」の振り返り                    │
└──────────────────────────────────────────────┘
```

| やはり「いつもの○○さんの家族」らしくない | 以前と比べて仕事が忙しい？　事前準備の余裕がない？ | ○○さんの排泄の状況に変化が生じている？ |

- あらかじめ定めた日時だけが、モニタリングのタイミングではありません。思いもよらぬところで、モニタリングの機会が訪れることもあります。
- 常に「これからどうなっていくか」という仮説を立てておけば、いきなりモニタリング機会が訪れたときも、その事象を仮説と照らすことで、「何が起きているか」を把握できるチャンスとなります。

まとめ

02 日頃からモニタリングのための「物差し」を整える

POINT
モニタリング機会は突然に――この点を考えれば、日頃から「何を見ればいいか」という自分なりの基準が必要です。

目の前のことが「なぜ」気になるのか？

　前項01で述べたように、モニタリング機会は日常のなかで突然訪れます。そこで、重要な情報を見逃さないための「準備」について考えましょう。
「何か気になる」という感覚を得るには、「何と比べて気になるのか」という比較の対象が必要です。となれば、利用者のアセスメント情報やケアプランなどを頭に入れて、比較できる材料を備えておくことが欠かせません。
　しかし、いくら比較材料があっても、目の前の状況を「ぼーっ」と見ているだけでは「どこを比較するのか」というポイントは抜けてしまうものです。結局、その人の感覚が鋭いかどうかという固有の状況に左右されてしまいます。

物差しがあれば、ポイントを掘り起こしやすい

　その人の感覚の鋭さ云々に関係なく、モニタリングの質を上げるには、もう1つの「準備」が必要です。それは、あらかじめ「その人のどんな部分をチェックするか」という基準を備えておくこと。いわば「物差し」をもつことです。
　前項01のように、利用者や家族とばったり出会ったり、急に電話がかかってきたとします。そうした場合、日頃から「どんな点に注意すればいいか」という物差しがあれば、比較するポイントを掘り起こしやすくなります。
　この物差しには2種類あります。1つは、どんなケースでも当てることができ

02 日頃からモニタリングのための「物差し」を整える

図表2-3 モニタリングの質を上げる「物差し」

✗ 「比較する基準」を持たずにモニタリングにのぞむと……

目の前の状況だけに対応しようとして、その背景にある課題の解決につながらない ← 目の前の利用者の状態、訴えなど

○ 「比較する基準」（物差し）を持ってモニタリングにのぞむ

「こうなっていたら、こんな課題が想定される」という予測をあらかじめ立てておく→これを「比較する基準」とする ⇔ 目の前の利用者の状態、訴えなど

ただ「目の前の状況」を受け取るだけでなく、比較する基準（物差し）と照らし合わせることで背景にある課題をキャッチしやすくなる

る共通のもの。もう1つは、その利用者だけに当てる固有のものです。

ただし、この「物差し」づくりには条件があります。それは、ケアマネジャー自身の思考をまず万全にしておくことです。次項でまずそのことを取り上げます。

- 「目の前の出来事」に対し、「比較できる情報」がなければ正しい判断はできません。まずは、利用者のモニタリング情報やケアプランなどを事前にしっかり頭に入れておきます。
- 事前情報から「今、それがどうなっているか」を予測し、その予測と目の前の事実にズレが生じている部分。ここに利用者の新たな課題が潜んでいます。

\ まとめ /

033

03 物差し設定の前に思考のフラット化を図る

> **POINT**
> モニタリングに必要なのは「思考力」。となれば、物差しを設定する前に、自分の頭のなかを整えることがまず必要です。

モニタリングに必要な思考力って何?

第1章06で「モニタリングに必要なのは思考力」と述べました。この思考力が働いていなければ、事前の「物差し」設定が的外れになったり、「物差し」があっても正確なモニタリングに活かすことが難しくなります。

モニタリングに必要な思考力とは、どのような状態を指すのでしょうか。

「焦り」が「事実の積み重ね」を妨げる

ケアマネジャーであれば、「利用者のために」という使命感が強いほど、「先手を打って事態の悪化を防ぎたい」という気持ちが強くなるはずです。

それ自体はいいのですが、注意したいのは「先手を打とう」とする気持ちが焦りにつながることです。人は「焦り」が生じると、本来踏まなければならない手続きを無意識のうちに省いてしまいがちです。

何を省くのかといえば、事実を積み重ね、それを根拠として「何が起こっているのか」を正しく把握するという道筋です。

この道筋が抜けてしまうと、自分の主観や偏見で物事を判断する傾向が強くなります。十分な根拠もなく、「きっとこうだろう」「こうなっているはずだ」という思考のままモニタリングを進めてしまうわけです。

こうなると、モニタリングのための「物差し」を準備しても、その「当て方」

03 物差し設定の前に思考のフラット化を図る

図表2-4 先入観や固定観念に縛られては、正しい判断ができない

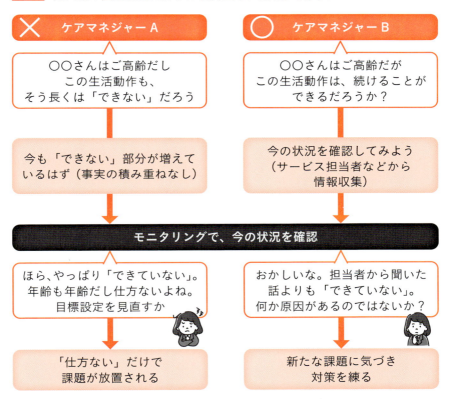

に作為が生じてしまいます。これでは、「何が起こっているか」を正しく把握できず、本当に解決しなければならない課題を見落とすことにもつながります。

「何とかしなければ」と焦るときほど振り返りを

　特に、（サービス事業者などから）「利用者の状態変化」などの情報がもたらされ、心のなかに「何とかしなければ」の焦りが生じるときは注意が必要です。
　モニタリングでは正確な事実の確認が必要ですが、「焦り」があると先に述べた先入観や偏見が生じがちです。これを取り除き、頭のなかをフラットに保てるか

どうか。ケアマネジャーの力量が試される瞬間の1つといえます。

では、思考をフラットにするにはどうすればよいでしょうか。基本は、自分を客観的に振り返る習慣を身につけることです。

日常のさまざまな場面で自問自答する習慣を

モニタリングの機会に限らず、私たちは日々の業務のなかで、焦りや動揺に襲われることがいろいろあります。例えば、給付管理の期限が迫っているのに、必要な書類作成などがなかなかはかどらないといったケースもあるでしょう。

こうした場面に遭遇したら、あえて作業をいったん止めて深呼吸をしましょう。

そのとき、「自分は何で焦っているんだろう?」という振り返りを行います。給付管理の期限が迫っているから?——それだけでしょうか。他にやらなければならないことがあるから? では、それは何でしょう。

仕事のこと? プライベートなこと? それらの優先順位は? 冷静に優先順位を整理すれば、それほど焦らなくてもいいのではないか?

このように自問自答していくと、混乱している状況が整理され、実は「間に合わない」という思い込みが先に立っていることに気づいたりします。

モニタリングで思考停止に陥りがちなケース

モニタリングに際しても、この習慣を活かす思考が求められます。

例えば、サービス担当者から「利用者の皮膚にアザを見つけた」という情報がもたらされると、「虐待では!?」という先入観が入り込みやすくなります。

ここで「なぜそう思うのか?」という振り返りができないと、「虐待の可能性」がいつの間にか「虐待があった」という思い込みになります。ここで思考が停止すると、不確定な事実に縛られ、他の可能性を探ることができなくなります。

実は「虐待」ではなく、他の課題(例.服薬によるふらつきで身体を壁にぶつけた、など)が潜んでいたとしても、それを見逃してしまう危険が生じます。先入観がいかに適切な支援を阻んでしまうかが、よくわかると思います。

03 物差し設定の前に思考のフラット化を図る

図表2-5　焦りや動揺があるときの自分の振り返り方

利用者に怒られて落ち込んでいる	今日中に仕事が終わりそうになく焦っている	担当者がつかまらずイライラしている

立ち止まり、呼吸を整えて自分をめぐる状況を振り返る

本当に、利用者に怒られたから？落ち込みの原因は他にないか	本当に、「終わらない」のか？手順を工夫すればいいだけでは？	イライラしているのは担当者に対してなのか？他に原因はないか？

呼吸を整えて

2　モニタリングに必要な事前準備

- 頭のなかが「先入観や固定観念」に縛られていると、正しい予測は立てられません。仮説に対して、事実を1つひとつ確認していくことが、モニタリング時の予測（物差しづくり）には欠かせません。
- 先入観や固定観念に縛られないためには、業務に際して、頭のなかを常にフラットにしておくことが必要です。例えば、その時々の自分の感情の「理由・背景」を常に探る習慣をもちましょう。

＼まとめ／

04 共通する物差し❶ 生活の変化にかかる予測

POINT
当初のアセスメントで、利用者が
「している（していた）生活」が、今どうなっているか。
これを最初の物差しとします。

新たな意向や課題を見つけるには

　モニタリングは、利用者の新たな意向や課題を発見する機会です。
　どこで発見するかといえば、その1つは「その人の生活の姿」が変化している部分です。ただし、事前（当初のアセスメント時）と事後（現在）を比較するだけでは、新たな意向や課題はなかなか見えてきません。
　例えば、認知症が少しずつ進んでいるとして、当初より記憶力や見当識が衰えていることはある程度予想できます。大切なのは、それによって「新たな困りごとが生じていないか、これから生じる可能性はないか」を把握することです。

過去の生活歴・既往歴と当初の生活状況

　まず、モニタリング前に、当初のアセスメント時のことを振り返ります。
　事前のアセスメントシートを見返すだけでなく、厚生労働省が提示している「課題整理総括表」の項目に沿って整理し直すと、頭に入りやすくなります。
　次に、その人の生活歴、既往歴に沿って、過去の状況を推測します。
　具体的には、介護が必要となる前、その人の生活状況はどうなっていたか。このあたりも、当初のアセスメントで把握できている部分もあるでしょう。
　例えば、「毎日、近くの図書館まで通っていた」という生活歴が聞ければ、その当時、少なくとも「歩行」は自立していたことになります。

04 共通する物差し❶生活の変化にかかる予測

図表2-6 本人の生活状況の「変化」を予測する思考

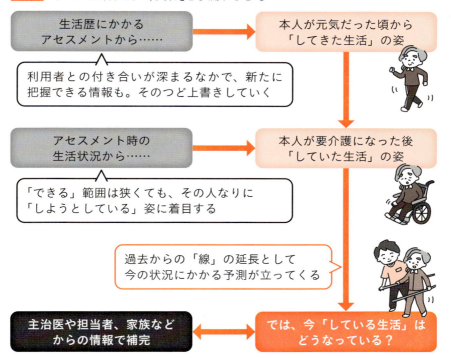

　これにより、「してきた生活」（過去）→「（初期アセスメント時に）している生活」という流れを押さえることができます。この過去からの線をたどりつつ、それでは「今、している生活」はどうなっているかを予測します。

過去からの「線」上で、今の状況を予測

　先の例でいえば、過去に「自力歩行で外出していた」という人が、要介護状態から、「家の中を家族の介助と手すりで歩行移動」となっていたとします。
　ここからケアプランに沿って、通所リハ等で歩行訓練が始まりました。それから1か月めのモニタリングを行うとして、どのような予測が立つでしょうか。
　「まだ（サービスを使って1か月だから）介助と手すりでの屋内歩行」の段階か

らの改善は認められないかもしれません。それでも、「その人にとっての大切な習慣を取り戻す意欲は強く、自分から歩を進めようという意思は見え始めているのではないか」という予測を立てることができます。

この予測をもとに、まずはサービス担当者に様子をうかがいます。「まだ介助が必要だが、確かに足の出はよくなった」という話を聞ければ、先の予測はある程度当たっていることになります。具体的な「今」のイメージが固まるわけです。

予測に満たない場合の「課題」も見据える

次に、本人と面会したときのことを想像します。家での様子も「❶その予測どおりの（あるいは予測以上に改善している）場合」と「❷そこまで至っていない場合」という2つのパターンが考えられるでしょう。

仮に❷だとすれば、「機能訓練の際」と「家での生活」で何らかのズレが生じていることになります。その場合に考えられる課題は何でしょうか。

家の手すりの高さが適切でない？　家族の叱咤激励が本人のプレッシャーになっている？　家での室温や照明の具合などが要因となっている？

このように、❷のパターンだった場合の課題の予測まで踏み込みます。

チェックが絞り込める分、見落としが防げる

どうでしょう。この予測をメモしつつ面会によるモニタリングにのぞめば、あとは事前予測にかなっているかどうかをチェックするだけです。

もちろん、先の❷のパターンで、事前の課題予測がどれも「外れている」というケースもあるでしょう。しかし、だいたいの課題は予測できている分、「時間をかけた割に見落としてしまった」などの状況を防ぐことができます。

過去からのその人の生活の流れを「線」でとらえ、今どうなっているかを予測する——この予測が最初の「物差し」となるわけです。

04 共通する物差し❶生活の変化にかかる予測

2 モニタリングに必要な事前準備

図表2-7 「課題整理総括表」の活用(一部抜粋)

状況の事実※1		現在※2			要因※3	改善/維持の可能性※4		
移動	室内移動	自立 見守り 一部介助 全介助				改善	維持	悪化
	屋外移動	自立 見守り 一部介助 全介助				改善	維持	悪化
食事	食事内容	支障なし 支障あり				改善	維持	悪化
	食事摂取	自立 見守り 一部介助 全介助				改善	維持	悪化
	調理	自立 見守り 一部介助 全介助				改善	維持	悪化
排泄	排尿・排便	支障なし 支障あり				改善	維持	悪化
	排泄動作	自立 見守り 一部介助 全介助				改善	維持	悪化
口腔	口腔衛生	支障なし 支障あり				改善	維持	悪化
	口腔ケア	自立 見守り 一部介助 全介助				改善	維持	悪化
服薬		自立 見守り 一部介助 全介助				改善	維持	悪化
入浴		自立 見守り 一部介助 全介助				改善	維持	悪化
更衣		自立 見守り 一部介助 全介助				改善	維持	悪化
掃除		自立 見守り 一部介助 全介助				改善	維持	悪化
洗濯		自立 見守り 一部介助 全介助				改善	維持	悪化
整理・物品の管理		自立 見守り 一部介助 全介助				改善	維持	悪化
金銭管理		自立 見守り 一部介助 全介助				改善	維持	悪化
買物		自立 見守り 一部介助 全介助				改善	維持	悪化
コミュニケーション能力		支障なし 支障あり				改善	維持	悪化
認知		支障なし 支障あり				改善	維持	悪化
社会との関わり		支障なし 支障あり				改善	維持	悪化
褥瘡・皮膚の問題		支障なし 支障あり				改善	維持	悪化
行動・心理症状(BPSD)		支障なし 支障あり				改善	維持	悪化
介護力(家族関係含む)		支障なし 支障あり				改善	維持	悪化
居住環境		支障なし 支障あり				改善	維持	悪化

※1
ケアマネジャーが収集した客観的事実について〇を

※2
ここに「過去」から「アセスメント時」の状況を記す

※3
多職種などから得られた情報を書き込む

※4
モニタリング時にどうなっているかという「予測」を書き込む

・当初のアセスメントをまず見返し、生活歴において「その人がしてきた生活」とアセスメント時の「していた生活」を「線」で結ぶことで、「では、今はどうなっているか」を描いてみます。

・予測のパターンをいくつか設定し、それぞれが現実だった場合に、「なぜ、そうなっているのか」という背景も見立てます。ここまで予測を進めることで、潜んでいる課題を見つけやすくなります。

＼まとめ／

05 | 共通する物差し❷ 疾病や服薬を絡めた予測

> **POINT**
> 生活の変化を予測するのに、
> 頭に入れておくべきポイントがあります。
> まずは、疾病や服薬の状況が与える影響です。

過去からの生活変化を見通すうえで欠かせない

　生活の変化予測を物差しとする場合、そこに絡めるべきポイントがいくつかあります。最初に考えたいのが、利用者の疾病や服薬の状況です。

　例えば、利用者の主治医と連携するなかで、持病の悪化や新たな疾病の発症、それらに伴う服薬の変化などの情報共有が行われるはずです。

　これらは皆、利用者の「してきた・している生活」に少なからず影響を与えます。過去からの生活の変遷を見通すうえで、欠かせない要素となるわけです。

当初の予測から大幅な修正が必要になる場合も

　40ページで、面談によるモニタリングの前に、サービス担当者から「サービス提供の様子」について情報を得ることの必要性を述べました。

　同様に、主治医から疾病や服薬についての情報を得ておきましょう。かかりつけの薬剤師などがいれば、現在の服薬管理の状況についても把握しておきます。

　その際には、その疾病や服薬によって「本人の生活にどのような影響が及ぶのか」、さらには「疾病の進行などの予後予測はどうか」も確認します。

　仮に、初期アセスメントの時点より病状が進んでいて、「こういう動作の際に痛みが強まることがある」という主治医側の見解が得られたとします。

　これを頭に入れながら、「今、どうなっているか」そして「これからどうなって

05 共通する物差し❷疾病や服薬を絡めた予測

図表2-8 利用者の生活における疾病等のかかわり

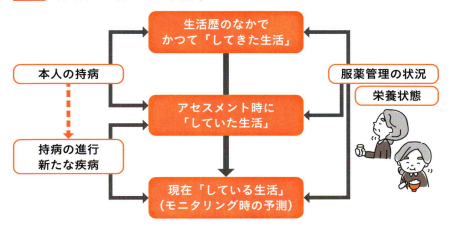

いくか」という予測を調整します。場合によっては、当初の予想よりも「している生活の範囲がさらに狭くなっている」という予測が浮かぶこともあります。

そのうえで、浮かびがちな課題に当たりをつけていくことになります。

こうしたさまざまな想定をすることで、より具体的な課題に気づくことができたり、見逃さずにすむようになります。

> まとめ
>
> ・利用者の生活状況を大きく左右する要素として、疾病、服薬、栄養などの状況があげられます。これらについても、過去の生活歴からの推移について情報を得ることで、「今、どうなっているか」という予測に役立てます。
> ・主治医やかかりつけの薬剤師、かかわった栄養士などからの情報で、状況が大きく変わっている部分がある場合、それが本人の「している生活」にどのような影響を与えるかを考えます。

06 共通する物差し❸ 環境の変化を絡めた予測

POINT
生活状況に影響を与える要因には、気候や地域の実情など環境上の変化も見逃せません。押さえたいポイントとは?

例えば、寒暖の変化が身体に与えるダメージなど

　利用者の「している生活」は、さまざまな環境変化にも影響を受けます。
　例えば、季節の変わり目で寒暖に大きな変化が生じれば、身体に与えるダメージに注意しなければなりません。季節によって猛威をふるいがちな感染症も、本人への感染リスクだけでなく、家族が感染することによる介護力の低下、通所サービス等が休止となった場合の影響なども頭に入れる必要があります。
　夏場の猛暑などで、熱中症リスクが高まるということもあるでしょう。

さまざまな環境変化も常にインプットする

　こうした季節による環境変化については、気候ならば気象庁の長期予測で、感染症なら厚生労働省の警戒情報などで、定期的にチェックしておきます。
　また、地域によっては、さまざまな環境変化が随時生じることもあります。
　地域で大規模な夜間工事などがあれば、そのエリアの利用者によっては夜間の睡眠が妨げられることもあるでしょう。最寄りの大手スーパーが撤退するなどとなれば、日用品や食料品の買い物などに支障が出てくる可能性もあります。
　あるいは、地域で伝統的なお祭りがあるとします。古くからその地域に住んでいる利用者にとっては、そこに(町内会役員などとして)参加することが生活上の大きな目標になっているかもしれません。要介護となってそれが果たせないと

06 共通する物差し❸環境の変化を絡めた予測

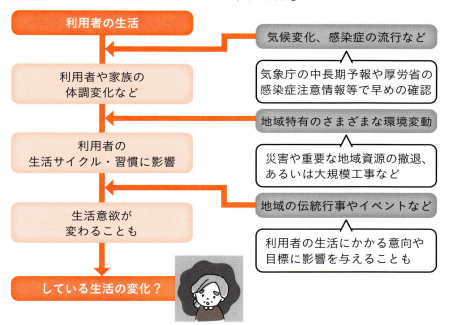

図表2-9 利用者の生活に影響するさまざまな「環境変化」

なれば、意欲低下も懸念されるでしょう。
　こうしたさまざまな環境変化を常にインプットしておき、モニタリング前の予測に際して「考慮すべきポイント」に加えていくわけです。

まとめ

・利用者の「している生活」が今どうなっているかを予測する場合、生活にさまざまな影響を与える可能性のある環境変化を加味する必要があります。
・地域イベントのように「社会参加の意欲」にかかわる環境要因もあります。生活歴を振り返るなかで、「この行事だけは必ず参加する」といった本人のこだわりに注意しましょう。

07 固有の物差し❶ その人ならではの生活観

POINT
利用者ごとに異なる「物差し」を用意することも必要です。まず、その人ならではの「大切にしているもの」に着目を。

共通する物差しでは、十分に把握できないこと

　ここまで、すべての利用者に共通する物差しをもって、モニタリング前の予測をどのように立てていくかという流れを述べました。ただし、それだけでは、その人に生じている課題を十分に把握しきれないこともあります。

　例えば、「している生活」について、同じような変化の推移をたどったとしても、人によってその後の生活意欲に差が生じることがあるでしょう。

　1つの意欲低下が他の生活行為にも影響を及ぼせば、ドミノ倒しのように「している生活」の範囲が狭くなります。となれば、意欲低下がもっとも目立つ生活から、課題解決を最優先に図らなければなりません。

　なぜ生活意欲に「差」が生じるのかといえば、同じ生活行為でも、「それを果たせなければ自分ではなくなる」といった思いの強さが異なるからです。

　その「思いの強さ」は、言うなればその人の価値観や人生観に基づいています。ケアマネジャーとしては、その価値観や人生観に深く思いを寄せ、そこに「その人なりの物差し」を当てていくことが欠かせません。

してきた生活の「線」から浮かぶストーリー

　もちろん、人の価値観や人生観というのは、他者が簡単に理解できるものではありません。それでも、「その人のどこに物差しを当てればいいか」というポイン

07 固有の物差し❶その人ならではの生活観

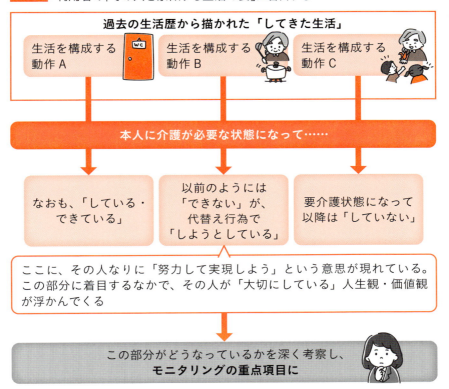

図表2-10 利用者の「その人を象徴する生活の姿」に着目する

トを探ることはできます。ここで必要になるのが、次のような見立てです。

まず、過去の生活歴などから把握した「してきた生活」と、初期アセスメント時に「していた生活」を「線」で結びます。共通する物差しでは、この「線」の延長（している生活）が今どうなっているかを予測しました。

この「線」をじっくり見ていくと、以下のストーリーが浮かんできます。
「してきた生活」を構成する行為の多くが、介護が必要になることによって「できなく」なっている。それでも、その生活を「まったくしなくなる」わけではなく、「できている行為」を何とかつなぎ合わせて「しようとしている」——。

その人を象徴する価値観や人生観が、ここに現れてくるわけです。

本人の人生観の一端が垣間見えるとき

　例えば、本人が元気だった頃は、家族が仕事で疲れて帰宅したときのために、毎日ほぼ決まった時間にお風呂と食事の準備をしていたとします。

　その後、介護が必要になった時点で、この「準備」をこなすためのADLに制限が生じました。それでも、できる範囲で「お風呂の掃除」をしたり、簡単な一品だけでも「おかずを作る」ことを続けていました。

　家族としては、「無理してしなくてもいい」と言いますが、本人にとっては「まったくのゼロ」にしたくない気持ちが強いわけです。ここから、本人の家族への愛情の強さが垣間見えます。本人の人生観の一端を示しているわけです。

その利用者専用の「物差し」をしっかりと

　これが、その人を象徴する生活の姿だとすれば、これがほとんどできなくなったときの意欲低下は、（家族も含めて）周囲が思う以上に大きいといえます。本人にとって「自分が自分でなくなる」くらいのダメージが生じるわけです。

　となれば、この生活の部分について、特にしっかりとした「物差し」を用意しなければなりません。先の例でいえば、「できる範囲のお風呂掃除」の「できる範囲」がどこまで狭くなっているか、「簡単な一品料理」が、煮物からおひたしへという具合に簡易になってきていないか――これを予測・確認するわけです。

　もちろん、本人にとっては「できないことが増えてつらい」という思いもあるので、根掘り葉掘り聞くわけにはいきません。そのあたりは、本人、家族との何気ない会話のなかから探るのがケアマネジャーの力量といえます。

　そのうえで、少しでも「できる範囲」を維持・拡大するうえで解決すべき課題はどこにあるのか。この部分までモニタリング前に見立てておきます。

07 固有の物差し❶その人ならではの生活観

図表2-11 その人の「尊厳」を支える行為の見立て方

他人に会う（それが来客であっても）際には**身なりと化粧を整える**ことが礼儀という価値観

自分で「できない」部分も増えているが、一方で**「(すべてやってもらうことで) 家族に負担をかけたくない」**という思いもある

何とか「自分でできる部分」をできる限り**維持しよう**と「**している**」

この「維持しようとしている」が、**今どうなっているか**モニタリングの最重要ポイントの１つに

> モニタリングに必要な事前準備

- 疾患や障害で「できない」部分が増えてくるなかでも、「何とか自分でやり遂げたい」という意思が現れる動作があります。その部分に、その人の人生観や価値観が現れます。これを見逃さないことが「物差しづくり」の軸となります。
- 「その人を象徴する生活動作」がどうなっているかを予測するなかで、「もし、それが思ったようにできなくなっている」としたら、そこにはどんな課題があるのでしょうか。これを探ることがモニタリングでは最も重要です。

まとめ

08 | 固有の物差し❷ 本人と家族の関係性

POINT
世帯内での本人と家族の関係なども
「している生活」にさまざまな影響を与えます。
モニタリングの着眼点の1つです。

個人の人生観に大きくかかわる人間関係

　前項07で、利用者の人生観を象徴する生活像について述べました。この「人生観」に着目するうえで、もう1つ押さえておきたいポイントがあります。

　個人の人生観を形成するのは、その人の生い立ちや経験、物の考え方などさまざまな要素があります。そのなかには、周囲との人間関係、特に身近な家族との関係が大きくかかわっていることがあります。

　この「本人をめぐる人間関係」がどうなっているかを、モニタリング時の「物差し」の1つに加えていくことが必要になります。

家族間の「補い合い」の変化も考慮に入れる

　48ページで述べた「家族に対する愛情や思いやり」から現れる生活像は、その代表といえるでしょう。もちろん、人の愛情や思いやりは、その対象からの見返りを求めない性格のもの（例．親による子への無償の愛情など）もあります。

　しかし、そうした関係に目を凝らすと、実は長年の「家族との暗黙の合意」のなかで、それぞれの「役割」が文化として形成されていることもあります。

　例えば、高齢者夫婦の世帯などの場合、加齢によってお互いの「できること」が少しずつ狭くなってきます。そのなかで「お互いが補い合う」部分を増やしていきながら、夫婦の新たな関係性が築かれていくこともあります。

08 固有の物差し❷本人と家族の関係性

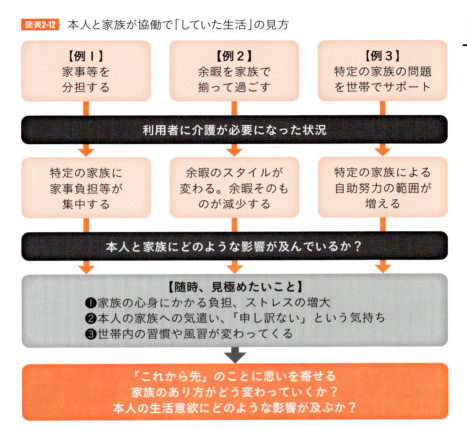

図表2-12 本人と家族が協働で「していた生活」の見方

その場合、家族側の体調やその他の事情によって、「補い合う部分」が変化すれば、それは本人の生活状況にも大きな影響を与えることになります。

つまり、モニタリングでは、本人の「象徴的な生活の姿」にスポットを当てるだけでなく、それに影響を与えている「家族との関係性」も考慮に入れつつ、「これからこの世帯がどうなっていくか」を予測することも必要になるわけです。

過去からの世帯内の関係がどう変化したか？

モニタリングの場面を想定して、具体的に掘り下げてみましょう。

これまで述べたように、モニタリング前の準備として、❶過去の生活歴と初期アセスメント時をつなぐ「線」を意識します。❷その「線」上で、「今どうなっているか」「これからどうなっていくか」を予想し、❸それに伴う課題を想定したうえで、本人・家族との面談にのぞむという流れになります。

まず、❶の線において「家族がどうかかわってきたか」に着目します。

例えば、本人が加齢によって「している生活」の範囲が少しずつ狭くなるとともに、夫は「妻がしていた家事の一部（午前中の洗濯や掃除など）」を補い、午後は地域のサークル活動などに出かけるという習慣を築いていたとします。

それが、妻に介護が必要になった時点で、夫による「補い」の範囲が一気に広がりました。一方、妻は「夫が自分のしたいことを我慢する」ことに心苦しさを感じ、「せめて週3日は出かけてらっしゃい」と申し出ました（その意向をサポートするために、介護保険を利用するに至ったわけです）。

家族の関係が今後どう変わる可能性があるか？

では、❷で妻の（夫を思いやる）意向はかなっているのでしょうか。もしかしたら、夫は「家に妻を残していくのは不安」という思いから、（ケアマネジャーが把握しないまま）週3回の外出も控えてしまっているかもしれません。

それも「夫の意向」ではありますが、人間は意識的な「気晴らし」が失われれば、少しずつストレスがたまっていきます。妻の側の「夫への気遣い」にも拍車がかかれば、両者の関係が揺らぐ懸念も高まるでしょう。

仮にこうした状況が生じていれば、夫婦の関係性にかかる「ひずみ」が、妻の生活状況に影響を及ぼすことになります。

こうしたストーリーも想定しながら、夫の「気晴らし」はうまくいっているのかをチェックする——これがモニタリングのポイントになるのです。

08 固有の物差し❷本人と家族の関係性

2

モニタリングに必要な事前準備

図表2-13 本人と家族の「協働の姿」の再構築をチェック

本人が元気だった頃に「してきた生活」

| 本人（妻）
家の家事を担う
息子の食事も用意 | 夫
家事の一部を担いつつ、
自分の趣味を楽しむ | 息子
仕事で帰りが遅く、家
事等にはかかわらない |

本人に介護が必要になり、役割の再構築が始まる

| 「できる範囲」で
家事を継続 | 趣味を削り、担う分
量を増やす | 仕事をしつつ
介護・家事参加 |

円滑に再構築されるか？
再構築を難しくしている（新たな）課題はどこにあるか？

・本人の「している生活」は、家族との関係も大きく影響します。それまでにない負担が家族にかかるなかで関係が一変すれば、本人の生活意欲に（プラス・マイナス含めて）さまざまなバイアスがかかることもあります。
・「家族の介護」という事態を迎え、世帯全体でどのように「変わろう」としているでしょうか。うまく「変われる（再構築できる）」状況にあるのか、もしかしたら再構築を妨げる課題が生じていないか——これもモニタリングのポイントです。

＼ まとめ ／

09 | 固有の物差し❸
本人と地域の関係性

POINT
本人の「している生活」に変化をもたらす関係は、対家族だけではありません。
地域というフィールドまで視野を拡大します。

地域は利用者にどんな影響を与えている?

　本人の「してきた・している」生活には、地域も影響を与えています。

　ご近所で古くからの付き合いがある人々、地域サークルの仲間、よく行く喫茶店の常連客などです。すでに介護サービスを使っていれば、その従事者も含まれます。さらには、かかりつけ医やケアマネジャー自身も対象となってきます。

　「人」だけではありません。「共通する物差し❸」では、主な買い物先であるスーパーなどの話もしましたが、その人が身だしなみのために通っていた理美容室、好物の料理が食べられるレストランなど、「固有の場所」もあげられます。

その人の生活を地域との「面」でとらえる

　このあたりの「地域の関係者」や「地域資源」については、アセスメント時に本人を中心としたエコマップ等で整理していることも多いでしょう。

　大切なのは、利用者の「していた・している生活」が、地域の人・資源によってどのように支えられてきたかを「面」で見極めることです。

　そのうえで、仮にその「人・資源」にアクセスできなくなったとしたら、本人の生活にどのような影響が及ぶのか——これを予測し、物差しとします。

　アクセスできないというのは、本人の心のあり方も含みます。例えば、なじみの理美容室に通えなければ、「こんな整容では人に会いたくない」となり、他の生

09 固有の物差し❸本人と地域の関係性

図表2-14 「地域」が本人に与えてきた影響への着目例

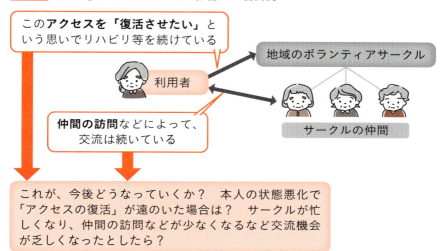

活にも影響が及んでくるかもしれません。

　その人の生活を「過去からの線」で予測するだけでなく、「地域とのかかわりにおける面」でとらえることもモニタリングには欠かせない手法です。

> ・人は世帯内だけでなく、地域のなかでさまざまな役割を担ったり、自分の居場所を確保しています。それが「今までのようにできなくなった」としたら、その人の生活にどのような影響が及ぶのかを考えましょう。
> ・地域が本人に与える影響を考えた場合、「今までのようにできなくなった」とき、世帯内の関係のような再構築が図れるかどうか、再構築を図るとしたら、どのような課題の解決が必要なのか。モニタリングで掘り下げましょう。

まとめ

10 物差しづくりの手順❶ ケアプランを見直す

POINT
自身の頭のなかをフラットにし、モニタリングのための物差しづくりに取り組みましょう。まずはケアプランの見直しから。

自分の思考を客観的に見つめるために

　ここまで、モニタリング前にどのような「物差し」を準備すればいいかを述べました。これを頭に入れたうえで、実際に物差しづくりに取り組みましょう。

　最初に述べたように、適切な物差しづくりのためには、先入観や固定観念に頼らずに予測を打ち出すことが必要です。そのためには、自分の頭のなかがしっかりフラットになっているかどうかをまず意識してください。

　頭のなかをフラットにするには、自分の思考を客観的に見つめることが第一歩です。それを可能にするには、物差しづくりの作業にかかる前に、以下のことを実践します。それは「自分が手がけたケアプランを見直す」ことです。

目標をどのように導き出したかを検証する

　「何だ、そんなことか」と思われるかもしれません。確かに、利用者の長期・短期目標の確認のために「ケアプランを見直す」ということはあるでしょう。

　しかし、それだけではありません。ここで述べたいのは、「ケアプランに記した目標をどのように導き出したか」という流れを振り返ることです。

　利用者の意向から、解決すべき課題を導き出し、その解決に必要な目標を設定する——この流れがすんなりと自分のなかに入ってくるかどうか。

　時には、「なぜ、この課題が出てきたのか。この課題分析で、この目標設定は適

10 物差しづくりの手順❶ケアプランを見直す

図表2-15 物差しづくりの前に行う「ケアプランの見直し」

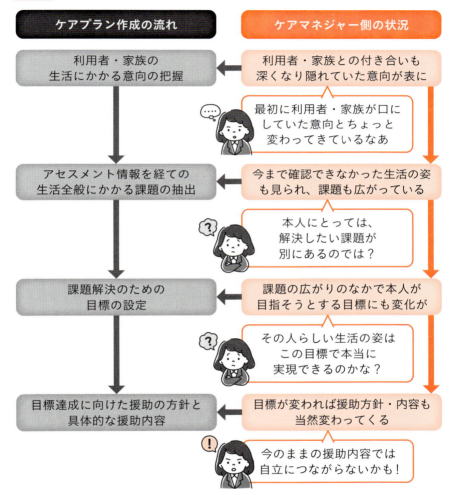

切だったのか」と、自分自身の思考を疑うことがあるかもしれません。

すでに発効しているケアプランで、そんなことがあったらまずいだろう——と思われるでしょうか。しかし、それもあり得ることです。

時間の経過とともに頭の情報が補完される

　第1章で述べたように、初期のアセスメントで把握できる「利用者の意向や課題」は限られることがあります。それは、ケアマネジャーの力量の差というより、利用者との信頼関係がどこまでできているかによります。

　この信頼関係を築くのが「うまい」ケアマネジャーもいますが、相手のあることですから、「どんな人にでも」というわけにはなかなかいきません。

　ともすると、最初に課題分析を行った際に、十分な情報が得られないまま、やや「こじつけ」的な目標設定になってしまうことがあります。

　その後、実際にサービスが始まり、少しずつ「利用者の本音」なども聞かれるようになってきます。すると、頭のなかで情報が補完されていき、結果として最初のケアプランが「しっくりこない」となったりするわけです。

　ケアマネジャーとしては「まずい」と感じるかもしれませんが、逆に言えば「自分のケアマネジメントを客観的に評価している証」ともいえます。

大切なのは「過去の自分」を修正できる勇気

　こうしてケアプランを見返せば、自分のなかで「足りない視点」は何だったか、利用者の生活のどこに「もっと目を凝らすべき」なのかが浮かんできます。「過去の自分」を「今の自分」が評価できるようになるわけです。

　これをさらに引っ張っていくと、「今の自分のケアマネジメント」を「未来の自分」はどう評価するだろうかという予測に至ります。

　本章の「物差しづくり」のなかで、利用者の「している生活」を過去からの「線」でとらえるという話をしました。自身のケアマネジメントについても、同じように「線」でとらえることが大切です。

　自身の過去の判断に対し、「これで正しかったはず」としがみつけば、そこには必ず固定観念が生じます。過去の判断が「点」のまま固定されてしまい、情報を補完・修正していくという道のりが途絶えてしまうわけです。

　確かに、自身の過去の判断に「修正・補完が必要」と認めるのは、勇気のいることでしょう。しかし、そこにとどまってしまえば、物差しに「ゆがみ」が生じ

10 物差しづくりの手順❶ケアプランを見直す

図表2-16 モニタリング前のケアマネジャーに求められる思考

ケアプランを見直したうえで……
↓
ケアプラン作成時に自分に**足りなかったもの**は何だろう……
↓
足りないものを補うためには**自分はどうすれば**いいのだろう……
↓
今度のモニタリングで、**自分がすべきこと**は果たせるのだろうか？

過去の自分を修正！

たままモニタリングにのぞむことになってしまいます。

　ケアマネジャーの力量とは、その時々の判断の正確性もさることながら、「過去の自分を修正する勇気」がもてるかどうかにあると考えたいものです。

> **まとめ**
> - モニタリング前は「自分の頭のなか」をフラットに。そのために、まずは自分が作ったケアプランを見直してみましょう。そのときの自分の情報収集や判断について、客観的な評価を行うことで先入観や固定観念を取り除けます。
> - 「過去の自分」の足りない部分を認めるのはつらく、怖いこと。しかし、足りない部分にしがみついていては、事実を正確に受け止めることはできません。自分を正直に見つめる勇気こそ、ケアマネジャーの力量につながります。

11 物差しづくりの手順❷ 多職種からの情報収集

POINT
予測を固めるには、医療・介護など
さまざまな関係者からの情報がカギに。
確かな情報収集のために必要なことは？

予測を「当てずっぽう」にしないために

　利用者の「してきた・している生活」を「線」でとらえ、「今はどうなっているだろうか」という予測を立てる。その予測（物差し）をもって、利用者・家族との面会にのぞむ——これがモニタリングの基本的な流れとなります。

　ただし、その「予測」にも一定の根拠が必要です。何となく「こうではないか」と頭のなかで想像するだけでは、ただの当てずっぽうになってしまうからです。

　もちろん「予測」なので、当たっているか否かは問題ではありません。大切なのは、「予測」と「現実」のズレを生み出している課題を導き出すことです。

　それでも、根拠に乏しい「予測」を「現実」と照らし合わせるのでは、「なぜズレが生じているのか」という分析の手がかりを発見することは困難です。

事前情報が乏しいと、どんなことが起こる？

　例えば、利用者が神経痛を患っていて、元気だった頃と比べて「している生活」の範囲が狭くなっているとします。これが今どうなっているかを予測するとして、治療や服薬による神経痛の管理が「現状でうまくいっているのかどうか」を把握できなければ、予測の仕様がありません。

　実際、初期のアセスメントで「神経痛の治療を続けている」ことを把握したら、「今も続けているはず」と思い込んでしまうケアマネジャーもいます。そして、情

11 物差しづくりの手順❷多職種からの情報収集

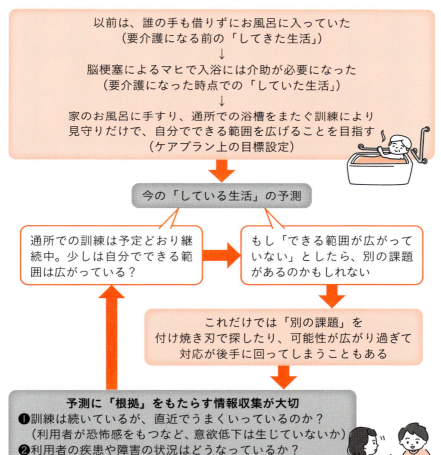

図表2-17 モニタリング前に、「予測」に「根拠」をもたせることが大切

報を上書きしないままモニタリングにのぞんでしまうわけです。

　仮に、何らかの事情（付き添いの家族が多忙や病気になったなど）で通院が滞っていたり、服薬管理が不十分だったとなれば、ケアマネジャーの予測以上に「している生活」の範囲が狭くなる可能性も生じるでしょう。

　ここで、想定しない「なぜ？」が大きく広がってしまいます。「なぜ？」が絞り

込めなければ、課題分析を誤りかねません。

情報連携が苦手では、「物差し」の根拠も揺らぐ

　当然ながら、ここで必要なのは、❶「線」によって導き出した予測を、❷主治医からの情報をもって「上書き・修正」を行うことです。

　ケアマネジメントでは、対医療連携にますます重きが置かれるようになりました。その意味で、ケアマネジャーにとって「主治医から情報を得る」ことは、日常的な実務の1つになっているはずです。

　ところが、今だに「主治医から情報を得るのは苦手」として、利用者の治療の状況等を確認するのに二の足を踏むケアマネジャーもいます。これでは、モニタリング時の「物差し」に根拠をもたせることはできません。

　主治医だけでなく、相手が看護職やリハビリ職など介護職以外となると情報収集のフットワークが鈍くなったりします。

ギブ＆テイク精神で多職種とのハードルを下げる

　誰でも、人づきあいには得手・不得手があるものです。しかし、プロであるからには、そうした苦手意識で実務が左右されることは許されません。

　これを払しょくするには、普段から多職種とつきあううえでハードルを下げておくことが必要です。ハードルを下げるコツは、相手にとって実務上のメリットとなるものを先に供与することです。

　例えば、「主治医なら利用者のどんな情報を欲しがるだろうか」「このサービス担当者なら利用者のどんな状況を知りたがっているだろうか」を常に意識します。

　同じ医療職でも、診療科によって「求めるもの」は変わってきます。同種サービスの担当者でも、サービス担当者会議での質問の様子などから、「利用者のどんな点に関心をもっているか」は微妙に違うこともあります。

　それを把握したうえで、モニタリングのたびに把握した利用者情報のなかから、その職種が「欲しがっている情報」を提供します。そうすれば、次のモニタリング機会前に「こちらが欲しい情報」を求めやすくなるわけです。

11 物差しづくりの手順❷ 多職種からの情報収集

図表2-18 多職種からの情報を得やすくするためのギブ&テイク

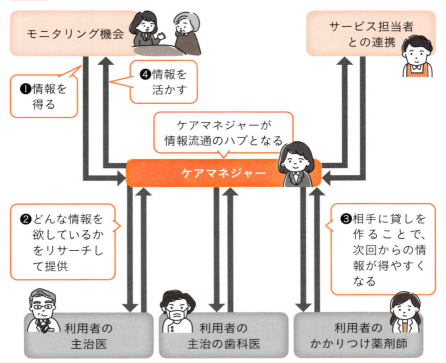

- 利用者の「現在の生活状況」を予測するには、「こうなっているかもしれない」という仮説に専門職からの情報をプラスして、事前の検証を行います。これにより、予測の精度が上がり課題が見つけやすくなります。
- 専門職から情報を得やすくするには、こちらから「先方が欲しがっている」と思われる情報を先に提供しましょう。ギブ&テイクの精神をもって相手に貸しを作っておくことで、双方の心理的なハードルを下げることが大切です。

＼まとめ／

12 物差しづくりの手順❸ 利用者・家族へのやりとり

> **POINT**
> 物差しを完成させるうえで、もう1つ欠かせないのが面会前の利用者・家族とのやりとりです。考慮したい点はどこ?

利用者からの情報も「物差し」の材料に

　モニタリング前の予測（物差し）を確かなものにするのが、事前情報の取得です。特に多職種からの情報で、予測の根拠を固めることが大切と述べました。

　ただし、物差しを確かなものにするのは、専門職からの情報だけではありません。利用者の世帯内には、日々さまざまなことが起こっています。そのなかには、利用者の「している生活」に影響を与えるものも少なくありません。

　それらを事前に把握しておくことも、物差しづくりには必要なことです。

重大情報が家族の一存で伝えられないことも

　利用者や家族に何かあった場合、当の人々が「これはケアマネジャーに知らせないと」と思うようなことなら、電話等で連絡があるかもしれません。

　しかし、それはあくまで当人たちの「判断」に限られます。ケアマネジャーにとっては「実は大きいこと」でも、利用者や家族には「ケアマネジャーに知らせるまでもない」と考えてしまうこともあります。

　例えば、家族が軽度の腰ヘルニアになり、（利用者の主治医とは違う）病院で治療を受けたとします。家族としては、「本人の体調に変化はないし、自分のことまでいちいちケアマネジャーに連絡するのは気がひける」となりがちです。

　家族がいる時間帯に訪問系サービスが入っていれば、その担当者経由でケアマ

12 物差しづくりの手順❸利用者・家族へのやりとり

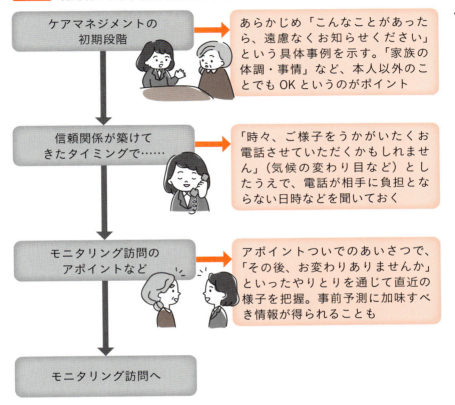

図表2-19　利用者からも事前情報を得やすくするポイント

ケアマネジメントの初期段階 → あらかじめ「こんなことがあったら、遠慮なくお知らせください」という具体事例を示す。「家族の体調・事情」など、本人以外のことでもOKというのがポイント

信頼関係が築けてきたタイミングで…… → 「時々、ご様子をうかがいたくお電話させていただくかもしれません」（気候の変わり目など）としたうえで、電話が相手に負担とならない日時などを聞いておく

モニタリング訪問のアポイントなど → アポイントついでのあいさつで、「その後、お変わりありませんか」といったやりとりを通じて直近の様子を把握。事前予測に加味すべき情報が得られることも

モニタリング訪問へ

ネジャーに連絡がいくかもしれません。しかし、そうでない場合、「サービス担当者が誰も気づかないまま」となることもあるでしょう。

　仮に、夜間のちょっとした介助など、家族が無理をおして行い続ければどうなるでしょうか。腰痛が悪化し、それが利用者の生活に影響を及ぼすことはたやすく想像できます。訪問によるモニタリングまで時間が空くとなれば、ケアマネジャーが気づいたときには、大事になっている可能性もあります。

情報伝達がほしい具体ケースを事前に示す

　こうした状況を想定すれば、普段から「ちょっとしたこと、あるいは本人に直接関係ないと思われること」でも、こちらに随時知らせてもらえるような意識づけを図っておくことが必要でしょう。また、「この程度のことを伝えるのは恥ずかしい」となりがちな点を考えれば、「ケアマネジャーには何でも話せる」という信頼関係を築くことも大きなポイントになります。

　信頼関係が築ける前なら、「こんなケースでも知らせてほしい」という具体例を事前にメモにして渡しておくといった方法も考えられるでしょう。

　そのうえで、モニタリング訪問の前のアポイントをとった際、なにげない会話のなかで「何かお変わりはありませんか」と尋ねてみます。

　直前に得られる情報であっても、当日までに用意する「物差し」にプラスαを加えることができれば、モニタリングの質は大きく変わってきます。

ケアマネジャーにかかる負担をどう軽減？

　ところで、利用者・家族によっては、「何でも伝えてほしい」というと昼夜問わず本当に頻繁に電話をしてくるケースもあるでしょう。

「さすがに夜間などは勘弁して」と思っても、こちら側から「何でも伝えて」と言った手前もあります。そこで必要になるのは、❶夜間等の連絡ルールと、❷担当ケアマネジャー不在の場合のチーム対応を事前に取り決めておくことです。

　❶についていえば、利用者・家族との間で「原則として電話対応が可能な時間帯」を定めます。そのうえで、緊急の場合は「事業所の夜間当番制の携帯電話にかけてもらう」、それ以外は「（やはり事業所支給の担当ケアマネジャー用携帯に）留守電メッセージやショートメールを残してもらう」という具合です。

　❷については、「先の夜間当番制の携帯のローテーションを決める」、日中に担当ケアマネジャー不在の場合（携帯がつながらない場合）は、「事業所の他職員が電話を受けて所定の連絡ノートに要件を記しておく」という具合です。

　一人ケアマネの場合は、チーム対応などは難しいかもしれません。その場合は、管轄となる包括などに相談して、対応を協議しましょう。

12 物差しづくりの手順❸利用者・家族へのやりとり

図表2-20 利用者からの連絡が増えてくるなかでの対応体制

利用者・家族からの電話

| 原則は営業時間内での対応 | 時間外での緊急連絡など |

| 担当ケアマネジャーが不在の場合 | 原則として当番制の携帯電話で対応 |

別の担当者が伝言を聞く（専用の伝言ノートを用意）

相手がどうしても担当と話をしたい（その他、相手の状況次第）といった場合

当番の担当者が状況を聞き、必要に応じて担当に連絡

担当が事業所に戻った時点で、折り返し

事業所支給の携帯で折り返しかける

（一人ケアマネ以外は）個人の携帯番号は教えない。事業所支給の携帯を持ち帰る場合は、留守電やショートメールで

2 モニタリングに必要な事前準備

・モニタリング前の利用者・家族とのやりとりでも、事前予測に必要な情報を得られることがあります。本人以外の情報や当事者が「些細なこと」と思うようなことも重要になるので、できるだけ伝えてもらえる環境を整えましょう。

・利用者・家族からの電話連絡が増えると、ケアマネジャーには大きな負担になることも。担当不在時や営業時間外の電話等については、事業所内でマニュアルを作成し、ルール化したうえで事前に利用者の理解を得ましょう。

＼まとめ／

13 「物差し」をどのように整理・保持しておくか

POINT
モニタリング前に作り上げた「物差し」。
これをいついかなるときでも、すぐ使えるように
整理しておくことが必要です。

「物差し」はケアマネジャーの思考を形にしたもの

　ここまで、モニタリングに必要な「物差し」の固め方を述べてきました。
　この物差しは、いわばケアマネジャーの思考の流れを形にしたものです。これをチャート方式でまとめると頭のなかが整理しやすくなります。
　一例を図表2-21にまとめたので、参考にしてください。

物差しチャートの作成に向けた3ステップ

　第一段階としては、利用者の「してきた生活」と「(初期のアセスメントや直近のモニタリングなどで確認した) していた生活」を線で結び、その先にある「(今の利用者が) している」と予測される生活像を描きます。
　ただし、そこにはさまざまな内外の因子が加わることが予想されます。この予想を「YES・NO」方式で加えていくことで、「仮にこういう因子が加わったらどうなるか」を予測として固めていきます。これが第二段階です。
　もちろん、ここで加える因子は「ただの想像」ではなく、主治医やサービス担当者からの情報などで裏づけをとっておくことが必要です。
　そのうえで、そこに生じている新たな意向や課題はないかを掘り下げます。その意向や課題によっては、当初に設定した目標の達成に影響を与えるものがあるかもしれません。特にこれを明らかにします。これが第三段階です。

13 「物差し」をどのように整理・保持しておくか

図表2-21 モニタリング用の「物差し」のまとめ方（例）

ステップ1

【介護保険利用前（してきた生活）】軽度認知障害はあったが、お薬カレンダー等を使いつつ自身での服薬管理はできていた

↓

【介護保険利用開始（していた生活）】認知障害が進み、自身での服薬管理が一部困難に。家族が服薬援助を行いつつ、家族が不在の場合は定期巡回や通所の利用により、服薬援助を実施

↓

【モニタリング時（している生活）】上記のサービスを利用しながら、認知症が進んでも服薬管理ができているか？

ステップ2

主治医やかかりつけの薬剤師から「減薬に向けた取り組み」についての情報も　→　←　サービス担当者から認知症の進行具合や家族の負担についての情報を得る

YES? ／ **NO?**

ステップ3

「できている」として「減薬」などによる本人への影響はどうなっているか？　｜　家族の負担等も考慮しつつ再び「できる」状態にするには何が必要か？

こうしてチャートを作成していくこと自体が、頭のなかの整理に役立ちます。本章の冒頭で述べた「いきなりモニタリング機会がやってくる」という場面でも、頭のなかからデータを引っ張り出しやすくなるわけです。

> **まとめ**
> - まず、利用者の「介護保険利用前」→「利用開始時（あるいは前回のモニタリング時）」の流れから「今の状況」の予測を立てます（ステップ1）。次に、多職種からの情報などを加味しつつ予測の精度を上げていきます（ステップ2）。
> - 固めた予測を、「YES」「NO」の方式で整理します。さらに、それぞれのケースで生じている新たな課題はないかを考察します（ステップ3）。

モニタリングの
タイミングについて

3

CONTENTS

01　一見「安定している」そんなときこそ要注意

02　なにげない電話やメールから水面下の「変化」に気づく

03　利用者や家族と出くわす場面を想定

04　多職種からの情報でも「水面下」の動きに注意

05　何らかの環境変化があった場合の考え方

06　利用者の状態が急変、その後のモニタリング

07　利用者が入院した場合、病棟訪問をどうするか?

08　月1のモニタリングでも計るべきタイミングが

09　地域参加のイベントはモニタリングの絶好機

01 一見「安定している」そんなときこそ要注意

POINT
「本人の状態は安定しているようだし、特に訴えもないし……」と思っても、水面下では新たな課題の蓄積も。

重大な変化にケアマネジャーが気づいていない……

　法令で定められたモニタリングは月1回（要支援の場合は3か月に1回）。

　しかし、利用者や家族の生活状況から「何らかの変化」が察知された場合には、月1回にこだわらずモニタリングを行う必要があります。

　問題は、その「何らかの変化」にケアマネジャーが気づいていないことです。

　「サービス担当者や主治医から『気になる』といった情報は特にないし、本人や家族から特別な訴えが出ているわけでもない。最近、次回の訪問予定の確認で電話をしたけれども、特に『変わりない』と言っていた」

　上記のような状況だと、つい「異常なし。次回の月1モニタリングまで、このケースにはかかわらなくても大丈夫」と思ってしまいがちです。

水面上の変化はわずかでも、水面下では大事に!?

　人の生活において、「はっきりと変化が見える」とか「当事者が変化を訴える」というのは、水面上に現れるわずかな部分に過ぎません。逆に言えば、それが現れた瞬間には、水面下で大事が生じている可能性が大きいといえます。

　となれば、変化が水面上に現れる前に、それに気づいて早期に対処を図ることが必要です。それができれば、先手を打った課題解決が図れます。

　その時点で先手を打てれば、本人や家族の生活に大きなダメージを与えなくて

01 一見「安定している」そんなときこそ要注意

図表3-1 利用者の生活は「水面下」に着目

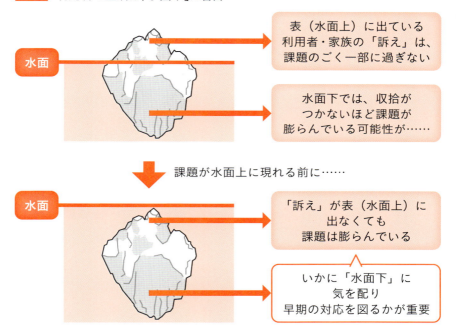

すみます。その後の自立支援もスムーズに継続できるわけです。

では、「水面下」で生じている変化にどうすれば気づけるのでしょうか。第2章で述べた「物差し」を利用しつつ、気づき力を上げることを考えましょう。

> ・利用者や家族から特に訴えはなく、電話等で様子をうかがっても「特に問題ない」という場合でも安心は禁物。「水面下」では、モニタリングの必要性が高まっていることもあります。
> ・「訴え」が出てきたときには、「水面下」の課題は想定以上に膨らんでいると考えるべきです。ここで初めて対応するとなると、対応が後手に回りかねません。早めに気づくことができるようにしましょう。

まとめ

3 モニタリングのタイミングについて

073

02 なにげない電話やメールから水面下の「変化」に気づく

> **POINT**
> 電話やメールのちょっとした
> やりとりのなかから「気になること」を
> 読み取るにはどうすればよいのでしょうか?

なぜ、利用者・家族は「はっきり言えない」か?

　緊急時や深刻な相談といったケースでなくても、日常的に利用者や家族と電話・メールなどでやりとりをすることは多いでしょう。
　それが「なにげない、ごく事務的な要件」であっても、水面下で生じている重大事を推し量る機会となります。
　特に、向こうから連絡してくるというケースでは、「伝えづらいこと」を「表向きの要件」というオブラートで包んでいることもあります。
　「言いたいことがあれば、はっきり言えばいいのに」と考えがちですが、さまざまな理由でそれができない状況にあることを察しなければなりません。
　なぜ「はっきり言えない」かといえば、理由は大きく分けて2つあります。

相手にとって「些細」なことも実は重大事に

　第1に、本人・家族にとっては「それが些細なこと」と考えている点です。表向きの用事で連絡してみて、相手が聞いてくれる余裕がありそうなら「ついで」に話してみようという心理があるわけです。
　そのため、応対するケアマネジャー側が電話口でつい早口になったりすると、「(相手も忙しそうだから)やっぱり言うのはやめておこう」となりがちです。
　しかし、本人・家族が主観的に「些細」と思っていることが、専門職の立場か

02 なにげない電話やメールから水面下の「変化」に気づく

図表3-2 利用者・家族が、積極的に「訴え」ない理由

❶「ケアマネジャーに伝えるほどのことではない」と思っている

本人の言動などが「いつもとちょっと違う」程度の認識	➡ あくまで一般の人の認識であり専門職の視点でみた場合に、実は重大な情報が隠れていることも
家族の事情など、本人の介護とは「直接は関係ない」という認識	➡ 本人の介護に関係ないことでも本人の生活に影響を与えるイベントであれば見逃せない

❷さまざまな事情から「ケアマネジャーに伝える」のをはばかっている

未確定の話や事情が混み入っていて、どう伝えていいかわからないというケース	➡ 現在進行形であったり、複雑な事情がある場合、話を出すことに慎重になりがち
世間体が悪い話など（他人である）ケアマネジャーには話しにくいケース	➡ 世間体から「隠そう」とする事情（経済問題など）は、利用者の生活の質にかかわる話となりやすい

⬇

本人・家族からの「**特に変わりはない**」という話の水面下に上記のような背景がないかどうかに常に気を配る。実は「**水面下**」で蓄積しがちな課題を、あらかじめ予測しておく

ら見ると「重大」であることも少なくありません。

例えば、「本人の口数が（いつもに比べて）なんとなく少ない」というケース。家族は「今日は機嫌でも悪いのかな」という程度に受け取っているかもしれません。しかし、専門職としては、さまざまな推測が浮かぶはずです。

もし、本人の血圧が高く、その日は急に冷え込んだという状況があれば、「脳梗塞の兆候」ということも考えられます。詳細を聞いたうえで、そのことに気づいて早期に対処すれば、重篤化するのを防ぐこともできます。

「言いにくい」がゆえに表に出てこないことも

　第2に、本人や家族にとって「言いにくいこと」である場合。これには、「状況をうまく説明できない」というケースと、「そんなことを伝えるのは恥ずかしい」という羞恥心から言いにくいといったケースがあります。

　前者でいえば、遠縁の親戚から「お金の工面ができそうなので、そろそろ（本人を）施設に入れたほうがいいのでは」という話があったとします。

　でも、それは確定事項ではなく、「お金の工面ができそうなので」という仮定や「そろそろ」とか「いいのでは」というあいまいな話です。家族としては、今の状況では説明しにくいし、不確定な話をしてしまうと誤解を招くこともあるのではと考えたりします。ここで、話に出すことについ慎重になってしまうわけです。

　後者でいえば、電話してきた家族が「お金に困っている」などというケース。本人の介護費用にもかかわるので重大な話ですが、例えば家族に浪費癖があったりすれば、自分でそれを打ち明けるのは勇気がいることでしょう。

「物差し」を頭に入れながら水面下を探る

　以上のような「水面下」の状況を把握するには、たとえ忙しくても「相手を急かす」ような口調は抑え、傾聴によって相手の話をゆっくり引き出します。

　そのうえで、普段から用意している「物差し」を頭に入れながら、利用者や家族を気遣う言葉をもって、さりげなく「水面下」の様子を探ります。

　いかにも「情報を探り出す」という雰囲気が伝わってしまうと、逆に相手が気負ったり警戒して、話を途切れさせてしまうことになりかねません。

　例えば、本人の「している」生活に物差しを当てるなら、「今日は○○さん（本人）はデイサービスでしたね。ご機嫌は良かったですか」という具合に、本人の生活の様子を「サービス利用の状況」という切り口で聞き出します。

　また、家族の状況が気になるなら、多少の世間話などを交じえつつ、相手をリラックスさせたうえで少しずつ話を引き出してみましょう。

02 なにげない電話やメールから水面下の「変化」に気づく

図表3-3 相手の心象を害さずに「水面下」を探るための心得

❶利用者・家族が大したことはないと思っているケース	利用者の食欲や睡眠など、特に健康状況に直結しそうな話題を出しながら**「微妙な変化」**を探っていく
❷本人の介護とは直接には関係ないと思っているケース	家族・親族や家屋環境の話が中心となりやすいので、**「家族の健康」**や（家屋環境と直結しやすい）**「気候」**の話題からさりげなく
❸状況をうまく説明できないケース	現状のケアプランについて**「何か追加的な希望がないか」**などから探りを入れて、その状況を浮き彫りにしていく
❹世間体などから相手が話したがらないケース	無理に聞き出そうとする姿勢は相手をかえって頑なにするので、地道に**信頼関係を固めていく**ことが最優先

- 利用者や家族は、ケアマネジャーに「何でも話してくれる」とは限りません。さまざまな事情で「あえて伝えない」こともあります。そこに「水面下」の課題が蓄積しがちなので、事前予測をもとに少しずつ探り出したいところです。
- 「あえて言いたくない」ことを無理に探り出そうとすれば、利用者・家族との信頼関係にひびが入る恐れもあります。常に相手を気遣う言動とともに、こちらに「打ち明けやすい」環境を整えていくことが大切です。

まとめ

03 | 利用者や家族と出くわす場面を想定

> **POINT**
> 電話・メールだけでなく、意外な場所で利用者や家族と出くわすことがあります。
> どんなケースがあるか想定します。

意図せずして顔を合わすという場面

　地域のなかでは、意図せずして利用者や家族と顔を会わすこともあります。

　第2章01では、プライベートな外出や業務中の外出で、道でばったり家族と出会うといったケースを紹介しました。これ以外にも、別の利用者のことで通所等のサービス現場に足を運んだら、そこで本人や家族と出くわす、などがあります。

表情や視線、その場との釣り合いなどに注目

　そこで立ち話などをしつつ、「水面下」の状況を探るのは電話のケースと同様です。ただし、実際に「相手」を目の前にしているので、声だけの電話、文字だけのメールでは得られない情報が得られることもあります。

　例えば、表情や視線。いつもと比べて表情に変化が乏しかったり、こちらと視線を合わせようとしない場合、「何か悩みや不安があるのでは」と推察できます。「よほど観察力に優れていないと無理」と思われるかもしれません。しかし、第2章で述べた「物差し」を意識しつつ課題の発生を予測していれば、相手のなにげない言動から「気づき」を得ることは可能です。

　また、出会った場所・状況によっては、「気づく」ポイントも変わってきます。

　例えば、他の利用者もいる通所等に家族が来ているとき、その家族の習慣にもよりますが、多少は着飾ってきそうなものです。しかし、普段着に近い状態で来

03 利用者や家族と出くわす場面を想定

図表3-4 利用者・家族と思わぬ機会に出会った場合の着目点

> **あらかじめ備えておいた「物差し」から「想定される課題」（例）**

本人の関節等の痛みが進み、「している生活」の範囲が狭くなっている可能性	親族間で「介護」についての意見の相違があり、同居家族がストレスを増している可能性	家族の介護負担への本人の気がねが、かえって本人と家族の間の溝を広げている可能性

> **本人・家族と出会った場合の着目ポイント**

- 本人の姿勢、整容、言動：（痛みの進みなどで）ちょっとした動きに顔をしかめたり、姿勢が崩れていないか。家族と一緒の場合、家族の顔色を気遣っていないか、自然に会話をしているか。髪の毛が以前と比べて乱れていないか
- 家族の表情、言動、本人とのやりとり：利用者のことについて「ふれてもらいたくない」という意識が見えないか、表情の変化に乏しかったり不意にテンションが上がるなどストレス蓄積がうかがえないか、外出中にもかかわらず身なりがあまり整っていない（慌てて出てきた）などの様子が見えないか

ている——となれば、「予定外で急に訪れたのでは」という推察も浮かびます。

　そこが、どんな場所か、どんな状況かを改めて意識することで、「水面下」に起きていることを探る入口が広がってくるわけです。

> ・利用者や家族と思わぬところで出会った場合、ちょっとした立ち話だけでも、「水面下」のさまざまな様子をうかがうことができます。表情、しぐさ、身なりなどに注意しましょう。
> ・利用者・家族とばったり出会った際に、どこに注目するか、相手に気を遣わせずに会話を進めるにはどのような話題が望ましいかなど、ポイントを整理しておきます。

まとめ

04 多職種からの情報でも「水面下」の動きに注意

> **POINT**
> 主治医やサービス担当者からの「特に変わりなし」という話でも、その水面下で何か生じていないか探る努力を。

専門職からの情報に漏れはないか?

　月1回のモニタリング前に「その利用者に起こりうる課題」を予測し（物差しづくり）、その予測の精度を高めるために多職種から情報を得るとします。

　そこで、予測される課題に結びつきそうな状況はないか、それ以外に気になることはないかなどをヒアリングしたとしましょう。

　その際、相手から得られるのは、「（予測課題に結びつきそうな）変化はない」とか「その他、特に変わったことはない」という話だけだとします。そうなると、「予測された、あるいはそれ以外の課題は生じていない」と判断してしまいがちです。

　本当にそうでしょうか。「相手は専門職なのだから、その人たちが『異常なし』と言うなら、そのとおりではないか」と思われるかもしれません。

　しかし、ここにも「水面下の動き」を見逃す落とし穴があります。

無意識の光景が「気づき」として浮かばないことも

　まず頭に入れたいのは、主治医やサービス担当者も、患者・利用者の生活全体をいつも見据えているとは限らない点です。

　主治医であれば、自身が診療する疾患の周囲しか見ていないことがあります。サービス担当者も、ケアプランや各種サービス計画の進捗に集中するあまり、他

04 多職種からの情報でも「水面下」の動きに注意

図表3-5 専門職からの情報でも見落とされがちな「水面下の様子」

 主治医等

 通所系の
サービス担当者

 訪問系の
サービス担当者

- 多くの患者を担当しているので、特定の利用者の診療にかかること以外の気づきは少ない。
- 自分の診療科以外の疾患についても、意外に予後予測などが乏しいことも。

- 本人が通所で見せる姿は「生活の一面」に過ぎないので、「家ではどうしているか」などの想像が及びにくい。
- 機能訓練なども、本人の動作だけに視点が集中することも。

- 訪問時に「家族不在」という場合は「本人と家族の関係」などについて気づきの材料が少ない。
- ヘルパーなどは「手順書どおり」にすることに気がいって本人への観察が乏しいことも。

↓

それぞれの専門分野・現場実務に特化した情報だけになりやすく、それらを「継ぎ合わせ」ながら「水面下」を探ることに

↓

どうしても情報と情報の間に「すき間」が生じやすくなる

↓

各専門職の「気づき」の密度を上げる必要が出てくる

のちょっとしたことに気づいていない可能性もあります。

また、「実は（水面下の変化につながる状況を）無意識に見ているのだが、気づきとして意識上に浮かんでこない」こともあります。

そのあたりは、各専門職が多くの患者・利用者を見なければならないなかで、「何かに気づく」余裕がなかったりすることが要因と思われます。また、気づくべき立場にいる人々の経験・キャリアが乏しいという事情もありそうです。

YES・NOを得る質問だけではやはり不十分

ここでポイントとなるのが、専門職からの情報の引き出し方です。

単純に「何か変わったことは?」と尋ねても「ない」となりがちなのはわかるでしょう。気づきを呼び起こす具体性が乏しいからです。

そこで、もう少し具体的に「(こちらが予測している)こんな課題はないですか」という聞き方をするとします。これなら何とかと思うかもしれませんが、実際はこれでも気づきが得られないケースは多いものです。

なぜなら、予測した課題だけ突きつけられても、相手の頭のなかに具体的な光景が浮かびにくいからです。例えば、機能訓練時に「本人からこんな言動がなかったか」と尋ねても、YES・NOであれば「NO」となるわけです。

「記憶の映像化」を図ることで情報が増えていく

ここで必要になるのは、相手の頭のなかに「そのときの具体的な光景」をよみがえらせることです。先の例でいえば、言動の有無というピンポイントの質問ではなく、機能訓練を行う際のやりとりの経過を聞くようにします。

どんな具合に利用者を誘い、どんな準備運動をして、どんな訓練からスタートしたのか——こうすることで、担当者の頭にそのときの光景が浮かんできます。

そこで、その時々の利用者の反応を尋ねます。すると、「そういえば、以前に比べて誘ったときにあまり笑顔がみられないなあ」という具合に、頭の隅にしまわれていた記憶の光景がふと浮かんでくることがあります。

主治医等に対しても同様です。直近の診療での問診の状況から画像診断、その時々の医療処置などを「参考までに」として聞くなかで、「そういえば、付き添いの家族がいつもの人ではなかった」などという話が出てきたりします。

これもそのときの光景をよみがえらせることで、記憶を映像化するなかから気づきを引き出すというわけです。

専門職から「気づき」を引き出すには、こうした心理操作も時には必要です。いくつか「記憶の映像化」につなげやすい方法を考えておくといいでしょう。

04 多職種からの情報でも「水面下」の動きに注意

図表3-6 各専門職から「気づき」を引き出すための「記憶の映像化」

主治医に対して → 「参考までに……」として、問診の状況、画像診断、医療処置などの流れがどうなっていたかを聞く

あのときは、自覚症状についての問診をして、それから CT をとって……そういえば、付き添っている家族がいつもの人ではなかったな……

機能訓練指導員に対して → その日の訓練に際して、利用者をどんな具合に誘ったか、訓練中にどんな会話をしたか、インターバルは？　などを聞く

いつもどおり、「○○さん、今日は歩く訓練をしましょう」と誘った。特に嫌がったりしなかったけど、以前より笑顔が減った気がするな

- 専門職は、専門分野以外の「気づき」が十分でなかったり、その専門職のキャリアやその時々の忙しさによって「大切なことに気づいていない」こともあります。気づきの引き出し方がポイントになります。
- 想定される課題を示しても、YES・NOだけで終わってしまいがち。そこで、利用者と接したときの流れや対応などについて掘り下げ、記憶を映像化する仕掛けを考えておきましょう。ここから「そういえば」という気づきが生じることもあります。

まとめ

05 | 何らかの環境変化があった場合の考え方

POINT
環境変化が利用者に与える影響を
頭に入れたうえで、モニタリングのタイミングを
どう設定するかを具体的に考えます。

訪問による状況確認が必要かどうかの分かれ目

　利用者の生活は、日々さまざまな環境の変化によって影響を受けています。

　仮に本人・家族が「大丈夫、大したことない」と言っていても、「水面下」ではそれなりの揺らぎが起きているのは間違いありません。

　問題は、環境変化にもさまざまな性質・規模のものがあることです。言ってしまえば、わずかでも環境変化のない日常はほとんどありえません。その1つひとつに気を配るのは必要としても、すべての機会に利用者宅を訪問してモニタリングを行うのは不可能でしょう。

　もちろん、地域に大きな災害（避難を要する地震や水害など）があれば、安否確認をかねての（場合によっては避難所などへの）訪問が必要です。

　では、そうしたケース以外で、「訪問による状況確認が必要」という判断の分かれ目をどのように設定すればよいでしょうか。

環境変化による影響を「物差し」から判断

　第2章では、利用者の生活に影響を与える環境変化が生じた場合、それによって浮上する課題を予測し、それを「物差し」として設定することを述べました。

　逆をたどれば、利用者の「している生活」を想定したとき、どのような環境変化があると、その生活が変動しやすいかという予測も立つわけです。

05 何らかの環境変化があった場合の考え方

図表3-7 訪問による状況確認が必要な「環境変化」の目安

パターン1
大きな災害が発生した場合
→ 利用者の家屋が破損したり、ライフラインや近隣の交通網が遮断されるなどの被害があれば、利用者の生活に大きな影響が及ぶのは間違いない。避難所などに移動している場合なら、その場での生活状況がどうなっているかも当然チェック。

事業所で対応のマニュアル化を

パターン2
「物差し」で想定される課題と直結する場合
→ 利用者の持病などを鑑みた健康状態や、その人のQOL維持にとって欠かせない生活状況に影響を与える環境変化があるとする。一般的には「些細」と思われる環境変化であっても、訪問等によるモニタリングを行う必要がある。

日頃からの予測整理がものを言う

パターン3
時間経過とともに課題の浮上が予測される場合
→ その時々では「大きな影響はみられない」(本人・家族もそう言っている)という場合でも、時間経過とともに課題が浮上してくるケースも。環境変化を織り込みつつ、一歩先を見据えた課題分析とともにモニタリングのタイミングを計る。

時間軸をもう少し未来に移す習慣を

　例えば、認知症の人で、もともと騒音などに対して神経過敏になる面があるために、そうした刺激で不穏状態になりやすいケースがあるとします。

　当然、「今は落ち着いているが、住まいの周辺で不穏状態につながる刺激が生じれば、同居家族の負担が増える可能性がある」という予測が成り立ちます。

　そうした予測が立つなかで、利用者の住居周辺で数日にわたって道路の拡張工事などが行われるという情報が入ります。先の予測、つまり「物差し」に照らせば、モニタリングを経たうえで「工事期間中に通所を増やしたり、短期入所を利用して、本人を騒音から遠ざける」という方策も視野に入れることになります。

環境変化「後」でもモニタリングは必要に

　このように、「物差し」がきちんとできていれば、多様な環境変化にその物差しを当てることで、モニタリングのタイミングが計れるわけです。

　もう1つ頭に入れたいのは、「物差し」によっては、環境変化が生じた時点だけでなく、その後にも別のモニタリング機会が求められるケースです。

　例えば、庭の花壇を大切にしている人がいて、要介護になっても家族の助けを借りながら「できる範囲」は自分で手入れする習慣があったとします。

　ところが、その夏に異例の猛暑が続き、少しの時間庭に出るだけでも熱中症が懸念される状況になりました。家族としては、「本人が熱中症になったら大変」と、涼しくなるまで花壇の手入れを休ませることにしました。

「していないこと」が習慣になった場合

　ケアマネジャーとしては、どのような対応をとることになるでしょうか。

　まず、「屋内の（冷房がきいている）なかでも熱中症になる危険がある」という気候であれば、猛暑のさなかやその直後に本人の状態確認を行うでしょう。

　ただし、ここで本人の「している生活」を見据えた物差しができていれば、その後にもモニタリングの必要性が高まることもわかるはずです。

　花壇の手入れという「していた生活」が一定期間途切れたとき、高齢者にとっては「再び習慣を元に戻すこと」は周囲が考える以上にハードルが上がります。涼しくなったからと家族が「またやりましょう」と勧めても、本人は「今日はいい」となり、「していない」ことが習慣になることもあります。

　このように「していた生活」が1つ途切れるとなれば、本人の生活意欲がどうなっているかという物差しが1つ追加されることになります。涼しくなったから安心ではなく、その後にこそさらなるモニタリングが必要になるわけです。

05 何らかの環境変化があった場合の考え方

図表3-8 「環境変化」のその後に想定される課題

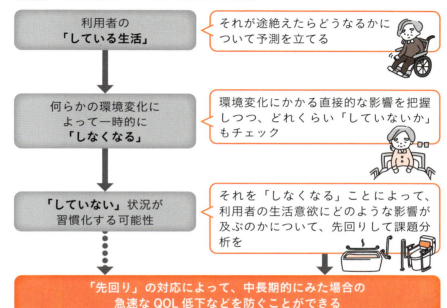

- 利用者の生活には、日々さまざまな環境変化が押し寄せています。大規模災害時などの安否確認を兼ねたモニタリングは当然として、「些細」な環境変化でも、事前の課題予測からモニタリングの必要性が浮かぶこともあります。
- 何らかの環境変化が生じた時点で注意を払うことも必要ですが、より大切なのは「その後」。一時的に「している生活」に変化が生じて、いつの間にかそれが常態化する可能性もあります。時間を経てのモニタリングも欠かせません。

＼まとめ／

06 利用者の状態が急変、その後のモニタリング

> **POINT**
> 持病の悪化など、利用者の状態が急変した場合、その後の継続的なモニタリングをどう設定すればいいでしょうか。

ある時期を境に、ADL等の急速な低下も

　利用者の持病などによっては、症状が急変することがあります。

　例えば、末期がんの人の場合、ある時期を境にADL等の急速な低下が認められるようになります。他の疾患でも、気候などの変化によって、症状が一気に悪化して生活行為に支障をきたすケースもみられます。

　こうした状態の急変に際しては、モニタリングの機会を増やしつつ、ケアプランの見直し等によって速やかな課題解決を図る必要があります。

冷静な対応のためには、やはり「物差し」が必要

　注意したいのは、「そのとき」になって慌てて対応することで、課題の把握がおろそかになったり、利用者や家族の意向とていねいに向き合えなくなることです。

　そのドタバタとした支援の流れにより、ただでさえ不安を高めている本人・家族が、さらに心理的に追い詰められることになりかねません。

　大切なのは、ケアマネジャーとしていかに冷静に対応できるかです。そのためには、しっかりとした判断基準による予測（物差し）が必要です。

　例えば、利用者の持病等について、「これからどのような経過をたどるのか」、「どのような状況になったとき急変する可能性があるのか」を事前に整理しておきます。そのためには、主治医の情報が要となります。

06 利用者の状態が急変、その後のモニタリング

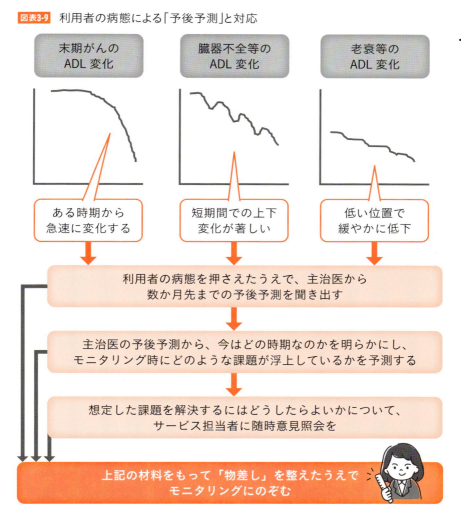

図表3-9 利用者の病態による「予後予測」と対応

本人の状態が安定している時点から、主治医とのやりとりをしっかり行い、「いざというとき」の予測と対応を整えておきましょう。

その対応に際して、主治医やサービス担当者がどのように動いてくれるかについても、意見照会などを通じて合意を形成しておくことが望まれます。

末期がんケースでのケアマネジメント簡素化の意味

　ちなみに、利用者が末期がんである場合の実務については、2018年度に基準・報酬上の改定が行われています。改めて整理してみましょう。

　まず、基準改定ですが、著しい状態変化を伴う末期がんの利用者について、主治医の助言を得ることを前提として、サービス担当者会議の招集を不要とするなどのケアマネジメントの簡素化が図られました。

　ただし、あわせて発出された通知によれば、ポイントは単なる簡素化にとどまるものではありません。大切なのは、主治医との連携によって予後予測を定め、（サービス担当者との協働で）早期から対応を整えることにあります。

　言い換えれば、予後予測に基づいた「物差し」がきちんと設定できているからこそ、サービス担当者会議の招集を不要とする簡素化が実現できるわけです。その分、ケアマネジャーのモニタリングの質が問われることになるといえます。

利用者の人生の集大成に向かうためには……

　一方、報酬上では、末期がんの利用者にかかる「ターミナルケアマネジメント加算」が設けられました。算定要件は図表3-10に示したとおりです。

　ここで重要なのは、「24時間の連絡体制の確保」や「頻回の訪問」などを通じ、集中的なモニタリングを図ることが求められていることです。

　死期が迫っている利用者にとって、不安や苦痛と向き合いながらも自分らしく「生き切る」ことは、人生でもっとも大きな課題といえます。

　それゆえに、最期の瞬間まで新たな意向や課題が次々と生まれていき、家族との関係もそれまでとは異なるステージに入ることがあります。

　その点を考えたとき、ケアマネジャーとしてはPDCAサイクルをフル回転させながら、「物差し」を常に更新していく姿勢が欠かせません。

　これができていないと、その時々の本人、家族の揺れ動く姿ばかりに振り回され、「支援者として何かしなければ」という焦りが先に立ってしまいがちです。

　利用者の人生の集大成に向かううえでは、自身のモニタリング・スキルを見直し、改めてそれを磨き上げることが求められます。

06 利用者の状態が急変、その後のモニタリング

図表3-10 ターミナルケアマネジメント加算の算定要件

【対象となる利用者】
末期がんによって在宅で死亡した利用者
(在宅訪問後、24時間以内に在宅以外で死亡した場合を含む)

↓

【要件】
❶対象となる利用者について、市区町村に以下の事前届け出が必要
　・同加算を算定することに、**利用者の同意**を得ていること
　・**24時間連絡**できる体制を確保していること
　・**必要に応じて**居宅介護支援を行う体制を整備していること
❷利用者・家族の同意を得たうえで、**死亡日＋死亡前14日以内に2日以上**、利用者の居宅を訪問してモニタリング・支援を実施
❸❷によって把握した利用者の心身の状況等の情報を記録し、主治医等やケアプランに位置づけた居宅サービス事業者に提供する

> - 今は病状が安定している利用者でも、ある時期から急な変化が訪れることがあります。事前に主治医から「病状の進行に伴うADL変化等」について予後予測を得たうえで、先手を打ったサービス調整の準備をしましょう。
> - 「末期がん」の利用者について、2018年度に、主治医等の助言を得ることを前提としてサービス担当者会議の招集を不要とする改定が行われました。ただし、「事前の予測に基づいた早期対応」も重要であることを忘れずに。

まとめ

07 利用者が入院した場合、病棟訪問をどうするか?

POINT
持病の悪化やケガなどで利用者が入院した場合、入院中のモニタリングをどうするのでしょうか。病棟訪問は必要なのでしょうか。

「入院中だから支援は停止」とはいかない

利用者の状態が急変し、そのまま入院となったとします。

ケアマネジャーとしては、医療機関側に対して利用者情報の提供等を行うわけですが、「入院中なので支援はストップ」というわけにはいきません。

利用者をめぐる環境が、自宅から医療機関へと移る——これは大きな環境変化です。となれば、その環境変化によって、「その後(退院後)利用者の生活上の意向や課題はどうなっていくか」を予測することが必要です。

つまり、入院中でもモニタリングの思考を動かすことが求められるわけです。

退院時の情報取得だけでは対応が後手に

例えば、利用者が何らかの手術をしたとします。

どのような規模の手術なのか、術後の経過観察のポイントはどこにあるか、術後からリハビリ等の開始までどれくらいかかるのか、院内でのリハビリはどのように行われるのか——退院後の課題を予測し、「物差し」を整えるには、このような入院中の経過にかかるさまざまな情報が必要です。

「退院時に(カンファレンス等に参加することも含めて)医療機関からまとめて情報をもらえばいいのでは」と考える人もいるでしょう。

しかし、直前の情報だけでは、しっかりした「物差しづくり」をする余裕が得

07 利用者が入院した場合、病棟訪問をどうするか？

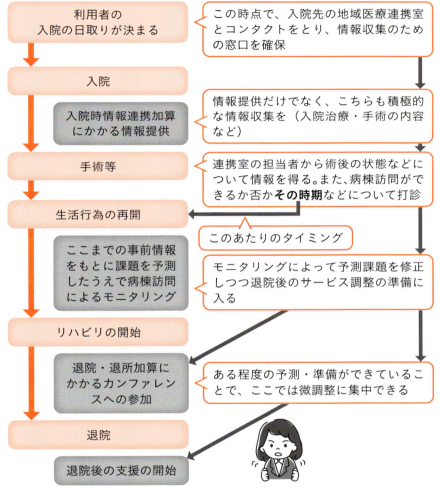

図表3-11 「入院時」からの「退院後」を見据えた情報収集

られません。そのため、退院後の支援が後手に回ってしまうこともあります。
　そこで、入院時から地域医療連携室などを通じ、必要な情報を随時入手します。
　ただし、入院が長期化しそうなケースや、（予測に必要な情報のうち）連携室等でも把握しきれないものがあれば、病棟訪問も必要になるでしょう。

利用者の生活行為が「再開」されるタイミング

その病棟訪問のタイミングですが、術後の処置などがひと段落し、利用者が「入院前にしていた生活行為」が再開される——という部分に注目します。

もちろん、さまざまな医療上の制約が生じている可能性もありますが、「ベッド上で身体を起こす」あるいは「横になったままでも、他者とコミュニケーションがとれる」という点も1つの目安になるかもしれません。

そのタイミングで病棟訪問が可能かどうかを、まず連携室等に確認します。「家族が『面会に来てもいい』と言ったから」というだけで、頭ごなしに訪問してしまうと、その後の連携室等との関係がぎくしゃくしかねません。

もし、「本人との面会はもう少しお待ちください」と言われたら、「せめて病棟の担当看護師などとお話しできないか」と申し出てみましょう。医療機関によっては、病棟に「退院支援」を専門的に担う看護師がいることもあります。

さまざまな予測パターンを頭に描いてから病棟へ

ここで改めて考えたいのは、病棟訪問もモニタリングの一環ということです。

ただ「連携室等で得られなかった情報を補完しに行く」というのでは、退院後を見据えた課題分析にはなかなかたどりつけません。

まずは、事前に連携室等で得た情報をもとに、入院（あるいは手術等）からの時間経過を頭に入れます。そのうえで、本人がどこまで「していた生活動作」を復活させているか（それが「できない」のであれば、代わりにどのような生活動作を「しようとしているのか」）を予測します。

そして、「その状態で家に戻った場合に、どのような課題が生じるか」という点に想像を広げます。さまざまな予測パターンが考えられるでしょう。

この予測パターンを頭に入れたうえで、病棟訪問を行います。利用者と接することができるのであれば、その様子を見ながら、先に予測したどのパターンが当てはまるのかを観察します。パターンが読めたところで、（家族の了解をとって）家屋環境などをもう一度確認し、「このまま退院したとして、どのような支援が必要だろうか」という具合に思考を広げていくわけです。

07 利用者が入院した場合、病棟訪問をどうするか？

図表3-12 「入院中」の本人の状態にかかるチェックポイント

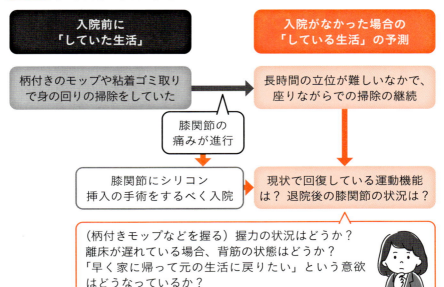

- 利用者が手術・治療等で「入院」となった場合、早期から地域医療連携室などとの関係を密にして、退院後の状況予測を固めておくことが必要です。それにより、退院後に生じる課題への早期対処が可能となります。
- 入院中の状況について、「退院時に医療機関から情報をもらえばいい」では、サービス調整などが後手に回りがち。生活動作のリスタートなどのタイミングを見計らい、可能な限り病棟訪問も行いたいものです。

08 月1のモニタリングでも計るべきタイミングが

> **POINT**
> 「水面下」に注意を払うことで、
> 月1のモニタリングでも
> 「どのタイミングが適しているか」が見えてきます。

利用者・家族が「揺らぎ」を抱えるタイミング

　表向きは平穏に見えても、「水面下」ではさまざまな動きがある——この思考が不十分だと、ついケアマネジャー自身の都合を優先してしまいがちです。

　同じ月内でも、利用者や家族にとって「都合のいいとき・悪いとき」があります。この「都合」に配慮するのは当然として、もう一歩踏み込みたいのが、利用者や家族が無意識のうちに抱えているさまざまな「揺らぎ」が表に出るタイミングに留意することです。

訪問をきっかけに「訴え」が表に出てくることも

　利用者や家族は、日々の生活のなかで、さまざまな課題に直面しています。

　その多くについて、当事者は「自分たちで解決できる（他者に相談するまでもない）」と考えるものです。しかし、実際に自分たちで解決しようとすると、うまくいかなかったり、意外に大きなストレスがかかったりします。

　これが「水面下の揺らぎ」となって蓄積しています。

　このタイミングをうまく計って訪問すると、前もって「特に問題なし」と言っていた人から、「実は……」という相談が持ち上がったりします。心の奥にしまい込んでいた悩みが、訪問がきっかけで表に出てくるわけです。

　この当事者も意識していないような「SOS」に気づき、課題がこじれる前に、

08 月1のモニタリングでも計るべきタイミングが

図表3-13 利用者・家族の「心の揺らぎ」が表に出やすいタイミング

例えば、同じ月でも……

予測される課題	利用者の疾病の状況について	家族の介護負担について	利用者の生活意欲について
	定期の診察の直後のほうが、利用者の病状についての意向や課題が浮かびやすい。新たな処方薬等のチェックもしやすい	家族の仕事が多忙な月末を過ぎ、**心の余裕がある時期**を見据える。心の余裕はあっても疲れなどが顕在化しやすい	**地域の催し**などに参加できなかった場合、その心残りから生活意欲が減退することも。利用者の心情を思いやりつつ訪問する

いかにタイミングよくモニタリングに入れるかが問われます。

　ここでも、日頃からの「物差し」づくりがモノをいいます。

　利用者・家族の生活課題が、今、どのようなステージにあるのか、この時間軸を意識した予測をもって、モニタリングのタイミングを常に計っておきましょう。

まとめ

・月1回の定期モニタリングでも、その月のどのあたりに訪問するかによって、利用者や家族の意向や課題の把握のしやすさに差が生じることもあります。どのタイミングが適切かを時間軸で整理しておきましょう。

・利用者や家族のなかには、「世帯内の課題はできる範囲なら自分たちで解決したい」という思いが常にあります。しかし、何らかの困難な状況が生じると、それが「SOS」となって表に出やすくなります。そのタイミングを逃さずに。

09 | 地域参加のイベントはモニタリングの絶好機

POINT
地域で祭り等のイベントがあり、利用者も毎年参加している——そうした社会参加の場面こそモニタリングの絶好機。

利用者によって「人生の一部」であることも

　地域では、季節ごとにさまざまなイベントが開催されます。地域ぐるみの伝統的な祭りなどの場合、ケアマネジャー自身も参加することがあるでしょう。

　こうした伝統行事に参加することは、利用者にとって趣味・趣向の範囲を超え、自身の人生の一部を築いていることもあります。言い換えれば、「その人がその人であるための土台」の１つというわけです。

他のモニタリング機会よりも実は重要

　ケアマネジャーとして頭に入れておきたいのは、こうした地域イベント等に自らも参加するなかで、利用者や家族との接点が生じやすくなることです。

　例えば、町内会で祭りの手伝いに行き、そこで、利用者や家族と「ばったり出会う」という具合です。すでに、「町中で本人・家族とばったり」というケースも、モニタリングの大切な機会であることを述べました。同様に、「物差し」がきちんとできていれば、イベント時の出会いもモニタリングに活かせるわけです。

　ただし、もう一歩進めて考えたいのは、そうしたイベントが「利用者や家族の人生の一部を築いている」という可能性です。

　日常の他の社会参加機会と比較すると、仮に「それに参加できない」となれば、地域での自分の役割や立ち位置が損なわれるという気持ちに至ることもあります。

09 地域参加のイベントはモニタリングの絶好機

図表3-14 地域でケアマネジャーと利用者の「接点」が増える機会

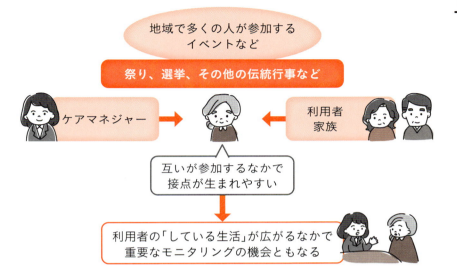

利用者の生活にかかる意欲という点では、他のモニタリング機会よりも実は重要かもしれないと考えましょう。もし、「今年は参加していない」となれば、その後の本人・家族の影響などにいつも以上に気を配りたいものです。

> **まとめ**
> - 利用者・家族とケアマネジャーが、地域のなかで出会う確率が高くなるケースがあります。例えば、地域の多くの人が参加する伝統行事や選挙などです。「出会うかもしれない」という意識を普段以上にもっておきましょう。
> - 長年続く地域の伝統行事などは、利用者にとって「自身の人生を形成する重要なパーツの1つ」ということもあります。その場での利用者の姿から「普段は見せない一面」が見えてくることもあります。

いざモニタリングへ。
実践の流れ

4

CONTENTS

01 居宅での本人面談が難しい場合について

02 モニタリング訪問の相手への負担を想像する

03 モニタリングの意義について理解を得る

04 モニタリング訪問前のアポイントメントについて

05 利用者に会う前からモニタリングは始まる

06 玄関先でのあいさつから利用者と向き合うまで

07 「物差し」を当てて利用者の状況を聞く

08 ケアプラン目標の進捗状況を確認するには?

09 利用者の訴え・感情をどう受け止めるか?

10 利用者の所持資料や屋内環境のチェック

11 認知症の人に対するモニタリングの心得

12 サービス提供の場でのモニタリングの進め方

13 モニタリングのまとめを利用者と一緒に

14 モニタリング終了時の利用者・家族への配慮

01 居宅での本人面談が難しい場合について

> **POINT**
> モニタリングは利用者の居宅訪問が基本。
> では、本人が面談を拒否するなど
> 「会えない」場合はどうすればよいでしょう。

本人と「面接」できない場合の法令上のルールは?

　法令で定められた最低でも月1回のモニタリングについては、「特段の事情」がない限り、❶利用者の居宅を訪問し、❷利用者に面接することが求められます。

　では、この「特段の事情」とは何でしょうか。「特段の事情」があれば、上記の❶および❷以外の方法でモニタリングを行ってもよいのでしょうか。

　居宅介護支援の基準にかかる厚生労働省の通知では、以下のようになります。

　まず、「特段の事情」ですが、通知によれば「利用者の事情」により、利用者の居宅を訪問したり、利用者に面接することができない場合を指します。当然ながら、ケアマネジャー側の事情で訪問や面接ができないというのはNGです。

　また、「特段の事情」によって、訪問・面接ができない場合、その具体的な内容を記録しておくことが必要です。この記録については、モニタリングの記録と同様に2年間保存することが義務づけられています（なお、保険者の独自基準によっては、保存期間が延長されることもあります）。

「特段の事情」だから仕方ないでは済まないことも

　ただし、何をもって「特段の事情」とするのか、微妙なラインもあります。

　例えば、利用者がケアマネジャーとの面談を拒否している（事前のアポイントメントはとれても、当日になると居留守を使うというケースもあります）。ある

01 居宅での本人面談が難しい場合について

図表4-1 月1回のモニタリングと「特段の事情」

居宅介護支援運営基準第13条第14号に定められた「モニタリング」
❶少なくとも1月に1回、利用者宅を訪問する
❷❶に際して、利用者と面接する
❸少なくとも1月に1回、モニタリングの結果を記録する

↓

❶〜❸が免責される「特段の事情」とは？

「利用者の事情」により、上記の❶❷ができない場合
例．利用者・家族が訪問受入れを拒否したり、面会に応じてくれない
　　利用者・家族が急病で入院し、面会できない
　　（利用者の入院時は、入院医療機関との情報連携が必要）
　　利用者の親族等に不幸があり、面会に応じられる余裕がない
※「ケアマネジャー側の事情」は「特段の事情」と認められない

↓

**これが「特段の事情」と認められるとしても、
「なぜ、そうなっているのか」という背景を継続的に探ることが必要**

| 利用者・家族の生活状況や環境要因から課題を探り、関係機関との情報共有を交えながら分析 | ⟷ | 関係機関（包括や行政、保健センターなども含む）との情報連携を図る |

この流れを記録に残す

いは、本人の認知症が進み、家族以外の人が訪ねてくると極度に不穏になり、その後の家族の介護負担が増してしまう——こうしたケースであれば、「利用者側の事情」として訪問、面接によるモニタリングは免除されるはずと考えがちです。

ただし、前者のように「面談を拒否する」というのは、本人にとって何らかの理由があるはずです。そこに生活にかかわる深い課題があるなら、その課題把握とともに「どうすれば解決できるか」を継続的に考えなければなりません。
「会うのを拒否されているのだから仕方ない」だけでは済まないわけです。

その人が今、どのような課題に直面しているか

　面談を拒否されれば、ケアマネジャーとしては「なぜか」を考えるはずです。

　ここで注意したいのは、「私自身に非があるのだろうか」という思考だけが先に立ってしまうと、冷静な課題分析ができなくなることです。

　確かに、ケアマネジャーにとって「自分を見つめる」という作業は大切です。しかし、それは自分と利用者との関係を客観的に見るという点で大切なのであり、根拠なく自分を過剰に責めるなどの思考は、かえって本質を見えなくします。

　ここでも必要なのは、利用者の「してきた生活」を線でとらえ、環境要因などの把握を客観的に積み重ねることです。そのうえで、「その人が今、どのような課題に直面しているのか」という「物差し」（予測）を整えましょう。

　もちろん、その「物差し」の根拠を固めるためには、サービス担当者や本人をよく知る親族などから情報を得ることが欠かせません。「うつ」症状が背景にあるという予測が立てば、包括の保健師などにも相談する必要があるでしょう。

一連の状況を記録することで見えてくることも

「本人と面談できない」という状況の背景を、幅広い情報を収集しながら分析していく——この一連の情報収集・課題分析も記録として残します。

　この記録作業を通じて、面談拒否の背景が見えてくることもあります。

　例えば、別居の親族にも「会いたくない」と言いつつ、ヘルパーの訪問は拒否していない。そして、本人は昔からとても自尊心が強く、困りごとがあっても「自力で何とかしたい」という思いから親族にも打ち明けないことがある——。

　つまり、現状で何かしら困りごとがあり、ケアマネジャーや親族がそれを探ろうとする空気が本人にとって苦痛なのでは……という予測を立てられます。

　となれば、ヘルパー訪問の際に「サービス提供の様子を見る」という名目で同行すると申し出るのはどうか……という仮説を立てられます。それでダメだとしても、PDCAサイクルを動かしながら真実に一歩ずつ迫ることはできるわけです。

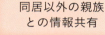

図表4-2 多職種等との情報共有を通じた対応の進め方（例）

利用者に 面会を拒否される	→	多職種・多機関 から情報を得る	→	同居以外の親族 との情報共有
● 以前から「拒否」の兆候はあったか？ ● アポイントメントはとれたのか？そのときの様子は？ ● 事前の課題分析から予測されることは？		● サービス利用や受診の拒否もあるのか？ ● 特定の職種に対して訴えていることはあるか？ ● 包括等に何らかの情報が届いているか？		● 拒否の背景を予測したうえで、親族に状況を確認 ● 親族内のキーパーソンとのやりとりをしながら対応を検討

- 法令による「月1回の利用者宅訪問による面会」は、利用者側の「特段の事情」がない限りは実施義務があります。「特段の事情」で行えない場合でも、面会以外での対処・情報収集についての記録は残すべきです。
- 利用者側の「面会の拒否」に対し、根拠なき自責の念や憶測を広げることは、適切な支援の妨げとなります。まずは、多職種・多機関、同居以外の親族などと情報共有を進めるなかで、冷静な課題分析を深めることが必要です。

02 モニタリング訪問の相手への負担を想像する

POINT
ケアマネジャーには「日常の実務」であっても、
利用者にとっては大きな負担となることもあります。
まず、この配慮を欠かさずに。

面談拒否の利用者を「厄介な存在」と見ない

前項01で「利用者が面談を拒否する」というケースを取り上げました。

注意したいのは、「そうした利用者は厄介な存在」と簡単に考えてしまうのは、ケアマネジャーとして厳に慎まなければならないことです。

利用者には、その人の立場にならなければわからないさまざまな事情があります。その事情ゆえに、モニタリング訪問が大きな負担となることもあります。

もっといえば、拒否には至らなくても、すべての利用者にとってモニタリング訪問が多かれ少なかれ負担になっていると考えることが必要です。

ケアマネジャーにしてみれば「当たり前の実務」であり、時には「こちらが顔を見せることで相手も安心するはず」と考えがちです。しかし、それもケアマネジャー側の思い込みに過ぎないことを認識するべきでしょう。

訪問までに相手の負担を減らす「準備」を

大切なのは、利用者なりのさまざまな事情に思いを寄せることです。

例えば、前項で述べたように「困りごとを抱えているのを悟られるのが嫌だ」という人もいるでしょう。なかには、自分の「している生活」の範囲が思うように広がらず、(評価者である)ケアマネジャーに負い目を感じる人もいます。

心のエネルギーが低下している人であれば、「誰かが訪問する」というだけで、

02 モニタリング訪問の相手への負担を想像する

図表4-3 モニタリング訪問に対して、利用者が感じがちな負担

利用者・家族

- 他人に話したくない「困りごと」がある。悟られるのは嫌だな
- 運動機能が思うように回復しない。ケアマネジャーと話すのは気が重い
- 最近、気持ちが沈みがち。他人が家に来るだけでぐったりしてしまう

この心理状況が改善されないまま、増大していくと……

ある時点から、ケアマネジャーとのやりとりが大きな重荷に
(ケアマネジャーから見て) 突然の面会拒否なども起こりうる

この「負担」を緩和するための「積み重ね」を意識する

- 日常的な「小さな困りごと」でも、「話してもらったこと」へ感謝を示しつつ、誠実に傾聴する習慣を
- モニタリング訪問前からサービス現場に足を運び、「できていること」を見ていますよという評価姿勢を
- 地域で「利用者・家族と会える可能性が高い」場へ出向き、日常のなかに自分がいる光景になじんでもらう

後々ぐったりしてしまう人もいます。それが自分でもわかっているので、「できれば他人の訪問を受けたくない」という心理も生じるわけです。

こうしたさまざまな事情に思いを寄せれば、モニタリング訪問に至るまでに、相手の負担をどうすれば減らせるかを考えることが必要です。

その準備を少しずつ積み重ねていくことで、「面談拒否」のような状況が水面上に浮かぶのを防ぐことができます。

利用者との間で緊張をほぐせる空気を作る

では、どのようにして相手の負担感を和らげていけばいいのでしょうか。

まずは、サービス事業所の周辺や地域内で「たびたび利用者と会う」という状況を作ることです。通所の現場に時々足を運び、軽く世間話をする、あるいは、地域のなかで「利用者と出会えそうな場所（家族と一緒によく散歩に行く場所など）」を探して、「たまたま出会った」というようにあいさつを交わすという具合です。

その際に注意したいのは、あれこれ何かを聞き出そうとしないことです。相手が黙っているなら、こちらも笑顔で軽くうなづくだけのポーズでもいいでしょう。お互いの緊張をほぐしつつ、こうした「無言の時間」を作ることも大切です。

相手と自分との間で、こうした時間を作る習慣ができると、利用者側も「この人といるときには気を使わなくていいのだな」という心理になります。

自宅訪問に対するトラウマをもたせない

次に大切なのは、「ケアマネジャーが自宅を訪問する」ことへのトラウマを払しょくすることです。例えば、初期アセスメントから利用者宅への訪問機会はあるわけですが、情報収集への焦りが先に立つと、相手の「言いたくないこと」「見せたくない面」にまで無神経に踏み込みがちとなります。

利用者にしてみれば、これがトラウマとなり、その後のモニタリング訪問などに対しても精神的に強い負担を感じることになるわけです。

この点を考えたとき、アセスメントに入る前に、「これこれの理由で、こんなことをお聞きすることになりますが、よろしいでしょうか」「屋内のこんな場所を見せていただくこともありますが、ご了解いただけますでしょうか」という確認を1つひとつ丁寧に重ねていくことが必要です。

困りごとに直面している利用者の心は、生卵のようなもの。ゆっくりと準備を重ね、包み込むように接しなければすぐに（関係は）壊れてしまいます。この心得をもち続けることが、モニタリングのための環境整備につながるわけです。

02 モニタリング訪問の相手への負担を想像する

図表4-4 円滑なモニタリング訪問につなげるため初期アセスメント時に注意したいこと

> なぜ、それを聞くのか、
> なぜ、それを見るのかについて、丁寧な説明を

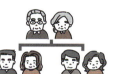

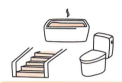

生活歴や家族構成について聞く	生活機能や疾病の状態について調べる	家屋環境の必要箇所を見せてもらう
↓	↓	↓
本人の目指す生活の姿や、家族の介護の様子について理解するために	本人の生活上の「困りごと」について、正しく把握するために	屋内での生活のしづらさの原因がどこにあるのかを把握するために

- 面会拒否には至っていなくても、実は「訪問による面会は負担」と考えている利用者・家族は多くいます。その負担を理解し、和らげる努力を1つひとつ重ねることが、信頼関係を築くうえで重要になってきます。
- 「なぜ、そんなことまで聞くのだろう」という疑問も、口には出さないだけで、多くの利用者が胸に抱いています。「なぜ、それを聞くのか、するのか」について、小さなことでも説明、開示する習慣をもちましょう。

まとめ

03 モニタリングの意義について理解を得る

> **POINT**
> 「モニタリングがなぜ大切なのか」について、
> 利用者の胸にスッと落ちるような
> 説明能力も求められます。

モニタリングについての理解を得る

利用者のなかには、ケアマネジャーが思う以上に介護保険のことを勉強している人も増えています。とはいえ、ケアマネジメントの流れ、とりわけ「モニタリングの重要性」について、すべての利用者が理解できているとは限りません。

この理解が不十分なままでは、モニタリング訪問にかかる利用者側の負担感を払しょくすることはできません。「法令で決められているから」というだけでなく、利用者にとってどのようなメリットがあるのかが、相手の胸にストンと落ちるような説明が求められます。

利用者によって納得のツボは異なってくる

利用者が理解・納得しやすいポイントというのは、一律ではありません。

例えば、「今のままの目標でいいかどうか、月に1回、ご家族も含めて一緒に考えたいと思います」という具合に、「チームで取り組む」というニュアンスから入ったほうが「自分もしっかり対応しなくては」となる人もいるでしょう。

もしくは、「病院には定期健診に行きますよね。それと同じで、ケアプランにも『今のサービスが○○様に合っているかどうか』を検討することが必要なんです」という具合に、医療を例に挙げて理路整然と説明したほうがいい人もいます。

このあたりは、その人の人生観や生活上の関心がどこに向いているかによって

03 モニタリングの意義について理解を得る

図表4-5 モニタリングがなぜ必要か、を理解してもらうために

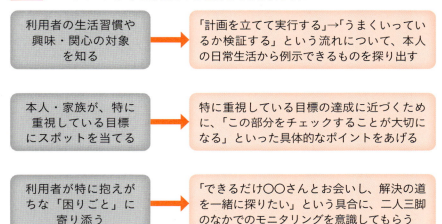

異なってきます。利用者のタイプごとに、いくつかの説明のパターンを用意しておくといいでしょう。それをケアプラン作成時に前もって説明し、月のいつ頃なら訪問しても差し支えないかをあらかじめ確認しておきたいものです。

まとめ

・「なぜモニタリングが必要なのか」が理解されないと、面会にかかる利用者の負担感はなかなか解消されません。「法令で定められているから」ではなく、「利用者自身のため」という実感を導くことが求められます。
・利用者の日々の関心事などにより、理解を得るための説明手法は変わってきます。制度上の説明責任を果たす場合でも、「その人なりに受け入れやすい例示や話題のもっていき方」があることを意識して研究を重ねましょう。

04 モニタリング訪問前のアポイントメントについて

POINT
モニタリング訪問に向けてのアポイントメント。
円滑な訪問につなげるための
日時設定等のポイントはどこに?

まずは、「都合のいい日時」を事前に確認する

　訪問予定を立てるうえでは、利用者・家族にとって比較的訪問に都合のいい日時を確認しておくことが基本です。もちろん、何かしらの環境変化などが生じた場合には、訪問を繰り上げたりするケースもありますが、基本は事前確認の日時を目安とします。

　そのうえで、都合のいい日時から逆算して2週間ほど前に、訪問のためのアポイントメントをとります。直前だと別の予定が入ってしまっていたり、といって、2週間以上前にアポイントメントをとると「時間が空きすぎて予定を忘れてしまう」ということも起こり得るからです。

アポイント電話を入れる時間帯に注意する

　注意したいのは、電話をする時間帯です。利用者や家族の生活サイクルを押さえたうえで、慌ただしくない時間帯を確認しておきましょう。

　バタバタしている時間帯は、相手に迷惑をかけるだけでなく、相手がスケジュールのチェックを間違えてしまう恐れもあります。仕事の都合などで、家族が日中仮眠をとる習慣がある場合なども同様です。

　なお、最近は「連絡は家族の携帯に」というケースも増えています。この場合は、一度ショートメールで「電話していいかどうか」を確認するといいでしょう。

04 モニタリング訪問前のアポイントメントについて

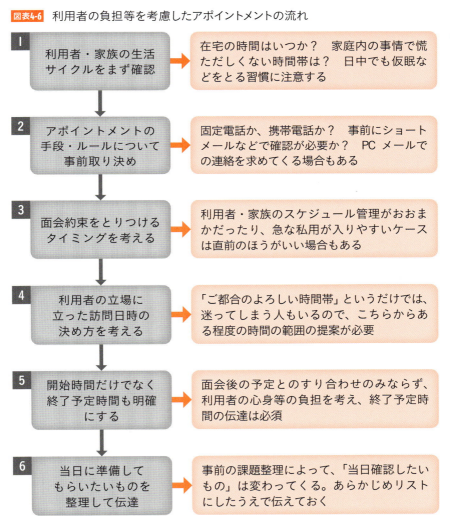

図表4-6 利用者の負担等を考慮したアポイントメントの流れ

　アポイントメントの内容としては、以前に伝えた「モニタリングの訪問をさせてもらいたい」という旨を伝えたうえで、都合のいい日時を確認します。
　相手が迷いがちな場合は、以下のように提案します。
「○日から○日の間（あらかじめ聞いている利用者側の都合のいい日程の範囲）

のいずれかはいかがでしょうか」「○時頃ならご都合がよろしいとうかがっていますが、その時間でも大丈夫でしょうか」という具合です。

面談の開始時間とともに終了予定時間の告知を

さて、もう少し踏み込んでおきたいことが2点あります。

1つは、訪問する時間だけでなく「だいたいどれくらいの時間を要するか」ということです。利用者にとっては、他の都合が後ろにくることもあるわけで、むしろ開始時間より終了時間を気にするという人もいるからです。

この場合、漠然と「○時くらいまで」というのではなく、その内訳についても述べておきましょう。例えば、「ご本人の状態を確認したり、サービスが支障なく提供されているかどうかなどをお聞きします。それゆえ、多く見積もって○時くらいまでお時間をいただきたいのですが」という具合です。

まだモニタリングに慣れていない利用者だと、「何か用意するものはありますか」と尋ねることもあるでしょう。こちらとしては、情報の補完になるものは確認したいので、「お薬手帳」などの準備を依頼します。

また、家族が介護日記などをつけている場合、あるいは訪問介護のヘルパーの連絡帳などがある場合には、「見せていただきたい」という許可を得ておきます。

ケアマネジャーが「用意するもの」を尋ねる方法も

もう1つは、当日、ケアマネジャーが「用意するもの」がないか確認することです。

例えば、「配食サービスの利用を考えているので、いくつか業者のチラシ等があれば見たい」という要望があったとして、それを持っていくという具合です。

このおうかがいというのは、「利用者が今、新たに困っていることはないか」という情報を聞き出すきっかけとなります。こうした情報を少しでも事前に把握することができれば、モニタリングに必要な「物差し」が補完できるわけです。

すでに述べたように、「困りごと」があっても「あえて隠す」という人もいます。そうした人にストレートに「何かお変わりはありませんか」と聞いても、「特にな

04 モニタリング訪問前のアポイントメントについて

図表4-7 アポイントメントも「モニタリングの一環」

さりげないやりとりから、相手の状態や新たな課題を探る	→	反応が鈍かったり、「心ここにあらず」的なやりとりになっていないか。何か言いたそうだが、「また、お会いしたときに……」など新たな困りごとを抱え込んでいる様子はないか
ケアマネジャー側で何か用意したほうがいいものはないか尋ねる	→	利用者から「特にない」という返事があっても、少し考える時間が生じた場合などは「何か相談したいことがあるのかもしれない」という心づもりをしておくことも必要に
季節の変わり目などは、時節のあいさつなどを意識して入れる	→	環境変化に伴う課題の出現については、ある程度予測できているはず。相手の反応と予測を照らし合わせたうえで、訪問時に改めて確認したいポイントを整理しておく

い」となりがちです。「何か用意するものがないか」という聞き方であれば、「困りごと」を聞き出すという印象が和らぐので、相手も受け入れやすいでしょう。

　利用者の「言いにくい・表に出しにくい」という心理を解きほぐすうえでは、話題をつなぐ「材料」が必要になるということを頭に入れておきましょう。

> - モニタリング訪問の約束をとりつける電話等でのアポイントメントでも、円滑な訪問に向けて心得ておきたいことがあります。電話1つが、負担になることもありますので、利用者の立場に立って気遣いのある対応が必要です。
> - アポイントメントは単なる「約束のとりつけ」ではなく、大切な情報収集の機会、「モニタリングの一環」であるという意識が求められます。

＼まとめ／

いざモニタリングへ。実践の流れ

05 利用者に会う前からモニタリングは始まる

> **POINT**
> 当日、利用者と会うまでの間で、
> すでにモニタリングは始まっています。
> どんな点に着目することが必要でしょうか。

念には念を入れる

　モニタリング訪問に向かう当日、念のために「今からうかがいます」という電話を入れましょう。利用者によっては「忘れていた」などということもあるからです。

　その電話の様子で、相手に「何か言いたそうだな」という雰囲気があれば、「訪問先で何か新たな訴えがあるかもしれない」と心づもりをしておきます。

　利用者宅へは、少し余裕をもって出発することを心がけます。車で移動する場合、道路工事で利用者宅の近くが通行止めだったり、地域でイベントがあっていつもの駐車場がいっぱいになっているということもあり得るからです。

利用者の家の外観から浮かんでくる課題も

　上記のようなこともなく、余裕をもって利用者宅に到着したら、訪問予定の時間まで家の周囲を観察してみます。思わぬ所でビル建設などが始まっていて、騒音の発生や日差しの遮断などの環境変化が生じていることもあるからです。

　また、遠目から利用者の家の外観なども見ておきましょう。

　例えば、家事を担う同居家族がいて、天気もいいのに洗濯物が干していない——となれば、「家族の具合でも悪いのかな」という推測も浮かぶでしょう。

　定期的に手入れが入っているはずの庭木が伸び放題、となれば、業者などに依

05 利用者に会う前からモニタリングは始まる

図表4-8 面会当日、利用者に会う前に確認したいこと

1．利用者宅がある地域のこと
□スーパー等の移転など、利用者の日用品購入の環境に変化はあるか
□利用者宅から病院・薬局などへのアクセスは以前と変わりないか
□道路拡張などによる交通量の変化が、利用者の生活に影響を与えないか
2．遠目から見た利用者宅の状況
□周囲に高層住宅が建つなど、利用者宅の日照などに変化はないか
□一人暮らしで、不要不急と思われるリフォームなどが行われていないか
□庭木の手入れなどがしばらくなされず、「荒れた」感じになっていないか
□天気がいいのに、洗濯物が干されていないなど気になる点はないか
3．利用者宅の玄関先に立ってみた状況
□新たに門に施錠がなされるなど、戸締りが厳しくなっていないか
□雨が降ったわけではないのに、玄関先が土などで汚れていないか
□郵便受けから郵便や新聞の取り込みが行われていないなどの状況はないか
□インターホンが壊れているなどということはないか

頼するだけの時間的・経済的な余裕がないなども考えられます。

　このように、利用者や家族に会う前でも、家の周囲をちょっと観察するだけで、用意していた「物差し」にいろいろ継ぎ足すことができます。上記以外の具体的な注目ポイントについては、図表4-8を参照してください。

> - しばらく来ない間に道路工事で渋滞が発生したり、周囲に住宅が増えて、いつもの駐車場が利用できないなどということもあり得ますので、モニタリング訪問時は少し早めに出て、利用者宅に余裕をもって到着できるようにします。
> - 時間に余裕をもって利用者宅に着いたら、訪ねる前に周囲の環境や利用者宅の外観などに気を配ってみましょう。ちょっとした環境の変化から、利用者宅に及んでいる新たな影響などが察知できることもあります。

まとめ

4　いざモニタリングへ。実践の流れ

06 玄関先でのあいさつから利用者と向き合うまで

POINT
玄関先から居室内へ通される間で感じ取れること、
利用者と向き合ったときの印象など、
そこにはすでに多様な情報があります。

例えば、インターホンに応答するのは誰?

　利用者宅の玄関先で呼び鈴を鳴らす。インターホンで応答がある。ケアマネジャーが「モニタリングでうかがった」件を伝えて、玄関を開けてもらう──。
　感覚を研ぎすまし、頭のなかに用意している「物差し」と照らし合わせるなかで、この時点からさまざまな情報を得ることができます。
　例えば、インターホンで応答するのは誰でしょうか。
　利用者は一人暮らしにもかかわらず、親族が応対したとします。「モニタリング訪問だから親族も同席するために来ている（あるいは、親族としてケアマネジャーに直接話したいことがある）のだろうか。それでも、サービス担当者会議のときには（やはり親族が同席していたが）本人が応対していた。となれば、本人が応対できない事情があるのだろうか」などという推測が浮かびます。

事前情報と照らし合わせたうえで動作状況に注意を

　直後に本人に会えるのだから、そこまで先読みする必要はないのでは──と思うかもしれません。しかし、例えば「膝関節の状態が芳しくなく、立ち座りが難しくなっている」という事前情報があったとして、本人の性格によっては「それでも訪問者に対して気丈にふるまう」というケースもあります。
　つまり、先のインターホンに応答した時点で「事前情報の信ぴょう性は高い」

06 玄関先てのあいさつから利用者と向き合うまで

図表4-9 玄関先から屋内にとおされるまでの間に入手できる情報

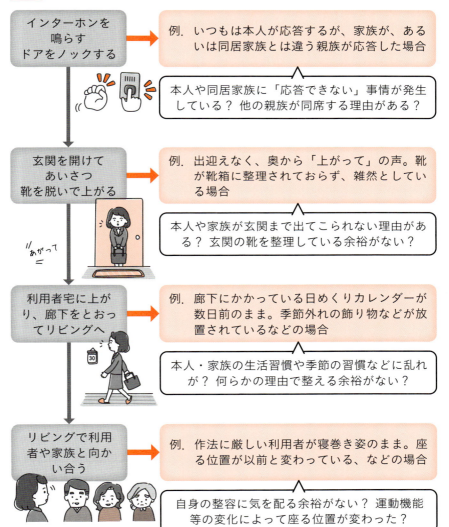

4 いざモニタリングへ。実践の流れ

という心づもりができていれば、目の前の状況に振り回されることなく、面談時の本人の動作状況などに注意を払うことができるわけです。

玄関からの生活動線からうかがえることは多い

　次に、玄関に入って廊下をとおり、本人がいる居室までとおされるとします。その間にも、さまざまな情報を得ることができます。

　玄関から廊下、居室の連続した空間は、利用者にとって「社会参加」につながる動線の１つです。そこには、「している生活」を象徴する光景があります。

　例えば、季節ごとのちょっとした模様替えに熱心な利用者がいるとします。

　にもかかわらず、３月になるのに靴箱の上に正月の飾りが供えてあるなど、手入れがされていません。また、廊下にある日めくりカレンダーをめくるのが習慣になっているはずなのに、日付が数日前のままになっている、などです。

　また、いつもは玄関まで利用者が出迎えてくれるのに、その日に限って奥から顔を見せて「どうぞお上がりください」と声をかけるだけというケース。

　いずれも、利用者を象徴する「していた生活」の一部が途絶えていることになります。「なぜしていないのか」について事前の予測（物差し）と照らし合わせるなかで、モニタリングにのぞめば、新たな課題の発見がしやすくなります。

利用者と向かい合っての第一声で推察されること

　居室で利用者と向かい合い、改めてあいさつするとともに、その日の訪問を受け入れてくれたことへの感謝を伝えます。ここでも、第一声のあいさつなどから、利用者の現況をつかむことができます。

　例えば、認知症の人で家族が付き添っての対面というケース。利用者には以前から訪ねてくるのが「ケアマネジャー」という明確な認識はありません。しかし、家族が親身な姿勢で対応してくれるなかで、本人は「この人は自分を支援してくれる人」と受け止めているようで、質問にもスムーズに対応していました。

　ところが、その日は表情に乏しく、怪訝な顔でこちらと家族に対して交互に目を移すだけです。そこで、「認知症の進行」とともに、一番信頼できる身近な存在の「家族」との関係もうまくいっていない可能性が浮かんできます。

　このように、玄関を入ってあいさつまでのわずか２、３分の間で、さまざまな状況が推測できます。もちろん、確認をしないままに憶測だけを膨らませると、

06 玄関先でのあいさつから利用者と向き合うまで

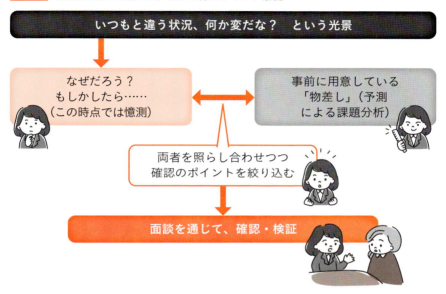

図表4-10 面談を始める前の2、3分で行うポイント確認

むしろ正確なモニタリングを邪魔することになりかねません。
　あくまで「確認のポイントを絞り込む」ための手段としてとらえましょう。

> - インターホンを鳴らして（ノックをして）から、玄関に入る、上がって利用者と向かい合う——このわずか2、3分の間でも、「いつもと違う、何か変だ」と気づく機会はたくさんあります。五感を研ぎ澄まして情報収集をしましょう。
> - 気にかかる状況・光景に対して、「なぜ?」と自問します。ただし、この時点では単なる憶測にすぎません。事前に用意した「物差し」と照らし合わせつつ、確認のポイントを絞り、憶測を検証するための根拠を探ります。

まとめ

07 「物差し」を当てて利用者の状況を聞く

POINT
頭のなかで準備した「物差し」を当てて、
体調やサービス利用の状況など、
利用者・家族を気遣いながら掘り起こします。

利用者・家族への気遣いから伝える

　話の取りかかりですが、まずは利用者（あるいは家族）の体調について「いかがですか」という気遣いの言葉を伝えます。季節の変わり目や感染症の流行シーズンであれば、そうした話題も出しながら話を切り出しましょう。

　これは利用者・家族の状態確認とともに、「ケアマネジャーとしていつも気にかけている」というメッセージを伝える目的もあります。人は何か悩みごとがあるときに、気遣いの言葉をかけられると「実は……」と切り出しやすくなります。

サービス利用の感想から得られる違和感に注意

　もう１つのポイントとなるのが「サービスの利用状況」です。これは事前の利用者の意向と絡めながら、様子を尋ねてみましょう。

　例えば、生活機能の維持・向上に強い意欲を示している利用者ならば、「デイサービスでの機能訓練の様子」を最初に聞くという具合です。もちろん、サービス担当者から事前情報は得ているはずです。ここで利用者の主観と照らし合わせることで、双方のサービスのとらえ方にかかる違いが見えてくることもあります。

　なお、「自分はもっとこうしたい」という意向が明確な利用者であるにもかかわらず、「担当の職員の方はよくしてくれている」という、ちょっとピントのズレた感想をもらすこともあります。こうした違和感については要注意です。

07 「物差し」を当てて利用者の状況を聞く

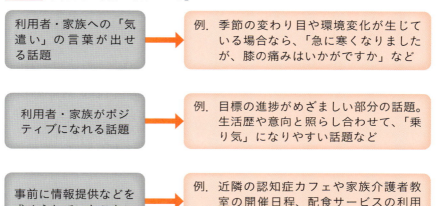

図表4-11 面談時の「話の取りかかり」

利用者・家族への「気遣い」の言葉が出せる話題	→	例．季節の変わり目や環境変化が生じている場合なら、「急に寒くなりましたが、膝の痛みはいかがですか」など
利用者・家族がポジティブになれる話題	→	例．目標の進捗がめざましい部分の話題。生活歴や意向と照らし合わせて、「乗り気」になりやすい話題など
事前に情報提供などを求められていたこと	→	例．近隣の認知症カフェや家族介護者教室の開催日程、配食サービスの利用を望んでいたので事業者情報を、など

利用者のなかには、「サービスへの不満はあっても言い出しにくい」というケースもあります。その心理状況が、「利用者の本来の意向にそぐわない感想」となって現れることがあるわけです。事前の課題予測がしっかりできていれば気づけるはずです。

まとめ

・いきなり杓子定規に面接を始めても、利用者にとって「あまり聞きたくない」話が先に立てば、相手の心理的負担を増やすだけです。まずは「この人に来てもらってよかった」と思わせるような話題から意識して入りましょう。
・その時々の状況（気候や環境変化）にまつわる気遣いや、ケアプラン上の目標のうち、比較的スムーズに進捗している部分への評価など、相手がポジティブになれる話題から入っていくことがセオリーです。

08 ケアプラン目標の進捗状況を確認するには?

> **POINT**
> まずは、ケアプランで設定した目標の進捗が
> どうなっているかを確認します。
> 利用者の意欲を引き出すやり方とは?

目標に近づいているか。課題解決に向かっているか

　利用者や家族に新たな課題が浮上している「兆し」を頭の片隅に置きつつ、まずはケアプランの進捗を確認するところから入っていきましょう。

　具体的には、ケアプランで設定した長期・短期目標にどれくらい近づいているか、また、それによって設定した課題の解決に向かっているかどうかです。

一見、目標の進捗は順調でも本人のなかでは……

　ケアプランで設定した目標は、定められた期間（目標達成期間）を経て、利用者の「している生活」像がどうなっているかという姿を描いたものです。

　その生活像に近づいているかどうかについて、事前にサービス担当者や主治医等から客観的な情報は得られているはずです。一方、利用者との面談で確認したいのは、そこに利用者の主体的な意思が備わっているかという点です。

　例えば、通所介護の機能訓練で「健側の手で平行棒を持ち、見守りだけで〇〇m歩行している」という短期目標が設定されているとします。

　第三者の視点では「できている・している」という評価であったとして、それが長期目標（在宅における「していた」生活動作の回復を図る、など）の達成につながっていくかどうか。そこでカギとなるのが本人の主体的な思いです。

　短期目標の時点で、専門職からは、「本人は頑張っている（うまくいっている）」

08 ケアプラン目標の進捗状況を確認するには?

図表4-12 ケアプランの進捗状況を確認する

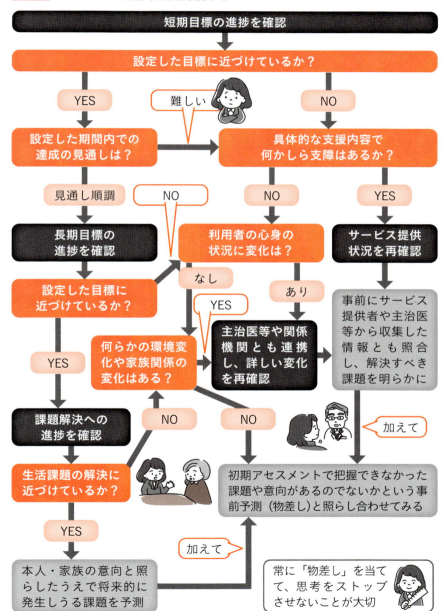

125

と見えても、実は本人のなかでは意欲が揺らいでいることもあります。

　何らかの環境要因や家族との関係、障害の受容にかかる気持ちの変化などにより、「これ以上は頑張れない」といった心理が芽生えていないとも限りません。

利用者の「心の揺らぎ」に気づくためには

　利用者の心の揺らぎに気づき、その揺らぎの原因を新たな課題と位置づけたうえで、本人の「こうありたい」という意欲の再構築を図る——ここにモニタリングの役割があります。

　仮に「心の揺らぎ」が何によって生じているかがわかれば、それを新たな課題に設定し、その解決を図るためのケアプラン見直しにつなげることができます。

　では、その「心の揺らぎ」に気づくには、どうしたらいいでしょうか。

　土台となるのは、事前に用意した「物差し」です。つまり、さまざまな情報収集を通じて、「本人のなかにこうした課題が浮上しているのではないか」という仮説を立て、面談を通じて仮説の検証を図っていくという流れです。

　ただし、面談するだけで、利用者が「自身の胸の内」を打ち明けてくれるかといえば難しいでしょう。「こんなことにお困りではありませんか」とストレートに尋ねても、その指摘自体が相手の心を傷つけてしまう恐れもあります。

利用者との「協働作業」という空気を作っていく

　そこで求められるのが、ケアプランの進捗を一緒に確認していく作業です。

　例えば、現在使っているサービスの状況や短期目標の達成状況を示すとします。ケアマネジャーとしては、「本当によく頑張っておられますね」などと応援したいところですが、主観的な感想はあえて控えます。ケアマネジャーが評価を先走ってしまうことで、利用者は本心を口にしにくくなるからです。

　もちろん、「うまくいっている」というのが相手の意欲を後押しすることにつながる場合もあるでしょう。そこで、ポジティブな部分については、主観的ではなく客観的な評価で伝えることを意識します。

　そのうえで、「（例えば機能訓練の後で）お疲れになったりしませんか」という

08 ケアプラン目標の進捗状況を確認するには?

図表4-13 利用者と一緒にケアプランの進捗を確認する際の心得

> 激励や応援したいのはやまやまだが、
> **客観的な評価指標なし**の「主観」だけでは逆効果の場合も

> 「うまくいっている」場合でも、本人・家族のなかに
> **心身の負担**がかかっていることが。気配りのひと言を欠かさずに

> 利用者・家族への質問についても、**客観的に YES・NO で**
> 回答できるように「聞き方」を工夫することが大切

具合に、相手の体調への気遣いを入口として感想を求めます。自身の「思い」ではなく「体調」という身体的状況であれば、口にしやすいからです。

利用者ができるだけ「自身を客観的に振り返られる質問」を重ねていくことで、支援者対被支援者ではなく、対等な立場での協働作業という空気が生まれていきます。それによって、少しずつ自分の気持ちを整理し、「実はこんなことを考えたりすることもある」という思いの表出につながりやすくなります。

> **まとめ**
> ・目標達成や課題解決の進捗を確認する際には、利用者・家族が「参加できている」という実感を得られるようにします。状況報告だけでは、水面下で生じている利用者側の心の揺らぎが浮かび上がってきません。
> ・「利用者を応援したい」という気持ちばかりがはやると、自分の主観の押しつけになってしまい、相手の真の訴えを遮ることにもなりかねません。できるだけ客観的な指標をわかりやすく示し、相手の心の揺らぎを見逃さないことが大切です。

09 利用者の訴え・感情をどう受け止めるか?

POINT
利用者や家族からさまざまな訴えが出てくるなかで、
それをどのように解釈して
受け止めればいいでしょうか?

言葉のままに受け止める

　前項08のような「協働作業」を通じて、利用者や家族からさまざまな「思い」が語られるようになります。もちろん、利用者にとってその「思い」が整理されていなかったり、言葉を選び過ぎて(家族の前でははっきり言えないなど)言いたいことの本質がぼやけているということもあるでしょう。

　こうした「思い」でも、怪訝な顔をしたり、「どういうことでしょうか?」などと聞き返すのはNGです。まずはその言葉のままに受け止めることが大切です。

　相手の目を見て、その人を承認しつつ(うなづくなど)、包み込むように正面から受け止めます。これが相手の「言ってよかった」という安心につながります。

用意した物差しを言葉・思いに1つひとつ当ててゆく

　とはいえ、ケアマネジャーであるなら、相手のとりとめのない言葉や整理されていない思いからしっかりと課題を抽出しなければなりません。

　その点については、用意していた「物差し」を、相手の言葉・思いに1つひとつ当て、事前に予測していた課題と照らし合わせて明らかにしていきます。

　例えば、「デイケアでの本人の機能向上に期待する家族」と「できれば家でゆっくり過ごしたいと考える本人」が同席しているとします。本人にサービス状況を尋ねたところ、「今のままでいいです」という答えがありました。家族の手前、

09 利用者の訴え・感情をどう受け止めるか?

図表4-14　ケアプランの振り返りで注意したい「利用者の反応」

- じっと考え込む（その間、沈黙あり）
  → 何らかの「思い」はあるが、「こちらにどのように伝えるか」について迷っている。焦らずに相手の思考に付き合う
- 言葉にまとまりがない　自己問答している感じ
  → 「考えはまとまっていないが、何か訴えなければ」という焦りがある。話を遮らずにうなづくなど相手を肯定する姿勢を
- ケアマネジャーや家族の顔色をうかがう
  → 「こんなことを言うとケアマネジャーや家族が気を悪くするのでは」という思いが。事前に予測した課題提示で代弁を

「（引っ込み思案の自分には）デイケアは正直つらい」ということは言い出せないわけです。

このあたり、デイケアでの本人の状況などをきちんと押さえていれば、「実はそういうことが言いたいのだな」と推し量れるわけです。

まとめ

- ケアプランを振り返るなかで、利用者のなかには「やっぱり何か違う」「もっとこうしたい」という思いが整理されないまま頭のなかを巡っていることもあります。焦らずに相手の思考に付き合いつつ、肯定的な姿勢を忘れないようにします。
- 家族等の手前、「はっきり口にできないこと」もあります。事前に用意した「物差し」と照らし合わせつつ、「今、この人のなかにどんな課題が生じているか」を探り、本人の思いを代弁してみることも時には必要です。

4　いざモニタリングへ。実践の流れ

10 利用者の所持資料や屋内環境のチェック

POINT
利用者や家族の訴えから課題を読み取るうえで、
利用者が所持しているものや
屋内環境との照合が必要になることもあります。

所持資料や屋内状況の確認も大切

　利用者と一緒に「ケアプラン点検」を行うとします。さまざまな訴えを受けるうちに、何らかの資料（ヘルパーの連絡ノートやお薬手帳など）が提示されたり、「ちょっとここを見てほしい」と屋内状況の確認（住宅改修を行った部分の使い勝手の状態など）を求められることがあります。

　ケアマネジャーにとっては、物差し（予測）の裏づけをとるうえで重要な機会でしょう。ここでデジカメなどを用意しておけば、記録をとることもできます（スマホの撮影機能を使うよりも、セキュリティ面で安心感は高いでしょう）。

相手からの申し出でも、最低限の礼儀を欠かさない

　注意したいのは、あくまで利用者の所持品もしくは他人の家の状況だということです。「どうぞ見てください」と言われたから、遠慮なく写真を撮ったり、ズカズカとプライベート空間に入っていくというのは感心しません。

　よく言われるのは、「相手と信頼関係ができた」と気を緩めたときが、それを崩しかねない危険な瞬間だということです。利用者としては、ようやくケアマネジャーに内心を打ち明けようとしたところで、ちょっとでも不快感を抱くシーンがあれば、再び心を閉ざされてしまうことになりかねません。

　相手からの申し出でも、個人情報にまつわるものを見るなら、「見せていただい

10 利用者の所持資料や屋内環境のチェック

図表4-15 利用者の所持品、屋内環境を見る際の注意点

相手から「見てください」と言われた場合でも……	実際に「見たり」「記録をとったり」する場合には、そのつど相手の許可を得る
「お持ちいただいて構いません」と言われた場合	本当に持っていって、相手に不都合はないかを考え、場合によっては撮影を
記録や家屋状況について意見を求められた場合	他職種の意見も聞いたうえで……として、情報を流通させていいかどうかを確認

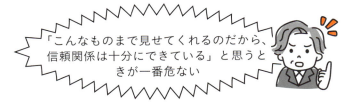

「こんなものまで見せてくれるのだから、信頼関係は十分にできている」と思うときが一番危ない

てよろしいですか」「写真に撮っても構いませんか」という一言が欠かせません。

プライベート空間に入るのなら、相手の案内に従い、「失礼します」の一言とともに「自分が相手の立場だったら」という当事者意識をもつことを忘れずに。

> **まとめ**
> - 利用者側から記録等を示されたり、家屋内を案内されたりした場合でも、それを「見たり、記録にとったりする」際には、逐一承諾を得ることが必要です。多職種と情報共有を図る可能性についても、必ず了解を得ましょう。
> - 「こんなもの（部分）まで見せてくれるのだから、相手との信頼関係は十分に築けている」と考えがちですが、それはケアマネジャーの思い込みに過ぎません。ほっとしたときが一番危ないことを肝に銘じておきましょう。

11 認知症の人に対するモニタリングの心得

> **POINT**
> 利用者と一緒にケアプランを見返していく場合、認知症の人に対してはどのような配慮が必要になるでしょうか。

「利用者と一緒に」は認知症でも同じ

　利用者と一緒にケアプランの進捗を振り返っていく——この流れは、認知症の人であっても変わりません。「ケアプランとは何か」という認識は難しくても、「自分の支えとなるツールである」ことは感じ取れているからです。

　確かに、多くの場合、家族がサポートに入ります。しかし、家族との向き合いが中心になると、本人は必ず「疎外感（自分を抜きにして話を進めているという感覚）」を抱きます。その瞬間、その人なりに「どうありたいか」という意向の発信は途絶えてしまいます。「自分抜きで何かを進める」という感覚は、周囲の人々への不信につながり、不穏や混乱も助長しかねません。

長期目標を、本人がイメージしやすい言葉で

　まず、ケアプランを本人の前にきちんと差し出します。そのうえで、「している生活像」を描いた長期目標に赤ペンで○をつけ、「今、どの部分の話をしようとしているのか」という部分に相手の視線が向くようにします。

　それから、長期目標に描かれている「生活の姿」について、本人が長期記憶などでイメージしやすい言葉で語りかけます。

　例えば、「お風呂に入ってくつろいでいますか?」「家で食べるご飯はおいしいですか?」「お出かけは楽しいですか?」という具合です。

11 認知症の人に対するモニタリングの心得

図表4-16 認知症の利用者とケアプランの振り返りを行う場合

利用者本人が認知症であっても……

- ❶相手の前にきちんとケアプランを広げ
- ❷本人にしっかりと向き合って
- ❸本人に語りかける
（家族とだけ話すなど、本人不在にしない）

本人も「自分のことを心配し、自分のことについて話してくれている」という意識が生じる

今、どの部分について話しているかがわかるようにケアプラン上の項目に赤ペンで丸やアンダーラインを記しながら話す

長期目標に描かれている「その人らしい生活の姿」を長期記憶に頼りながらイメージしやすい言葉で語る

反応がポジティブであれば、その人らしい生活像に近づけている証。逆に反応がネガティブであれば、その背景に注意

事前に用意した「物差し」と照合して課題検証を

家族やサービス提供者からの話をもって裏づけとする

特に、自らすすんで「していた生活」に関してネガティブな反応が強い場合は、その「生活」の周辺にある課題にも注意を払う

　質問に対する答えになっていなくても、すぐにポジティブ（前向き）な反応が返ってくれば、現状において緊張や不快を強いられる状況にはないと推測できます。先の例でいえば、「ああ、お風呂は好きだねえ」「あなたも（おいしい家のご飯を）食べていくかね?」「もう出かける時間かね?」という具合です。

逆に、「よくわからないな」などの言葉が出たり、急に険しい表情になったとしたら、そこには何らかの課題が生じている可能性があります。

前向きな感情を妨げるものは何かを考える

こうしたやりとりの随所で、家族のフォローが入るとします。このフォローと本人の反応を照らし合わせることで、さらにいろいろな状況が見えてきます。

先の「お風呂」の話でいえば、本人が「お風呂?　うーん」などと考え込んだとします。その際、家族が「この間、ヘルパーさんがいれてくれたら、『ああ、さっぱりした』って言ってましたよ」と補足的に言葉をはさんだとしましょう。

ここでうかがえるのは、入浴介助は本人の意向に沿っていても、その前後に本人のポジティブな感情を覆う何かがあるのではないかということです。

ここで、事前の用意した「物差し」をもとに課題を探ります。例えば、その人の「以前からしてきた生活習慣」から、今のサービス提供を通じた「している生活」までを「線」で結ぶとします。その線上、入浴介助が行われる前後において、別の「その人を象徴する生活の姿」が見えてくるのではないか（図表4-17）。

そこで浮かぶ可能性（例：昔は外でひと仕事し、お風呂で疲れを落とすのが楽しみだった）に思いを寄せれば、新たな課題を頭に入れておくことができます。

家族ばかりが前に出てしまうケースでは?

このように、本人の反応（家族のフォローに対する反応も含む）にきちんと注意を払い、そこに「物差し」を当てていきます。それによって、「その人を象徴する生活の姿」に向けた、もう一歩の踏み込みが可能になるわけです。

もう1つここで注意したいのは、家族側のフォローが強くなりすぎることです。家族のなかには、「本人に直接聞いてもわかるわけがない」と思い込み、本人の反応を差し置いて自分で全部答えてしまうケースがみられます。

もちろん、ケアマネジャーとしては「黙っていて」などとは言えないので、困りがちになるケースです。とはいえ、これ自体が本人と家族の関係性を現すものであり、1つの課題になっている可能性を探ることはできます。

11 認知症の人に対するモニタリングの心得

図表4-17 前後も含めて意向を捉える

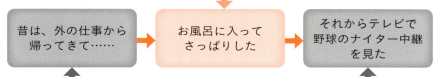

そのうえで、本人が通所介護などで家族と離れた状況を見て、そこで再度話を聞きながら、その反応に注意することが求められます。

> **まとめ**
> - ケアプランの主人公はあくまで「本人」。認知症の有無にかかわらず、ケアプランの振り返りに際しては必ず本人と向き合いましょう。家族が主たる相手になってしまうと、本人の反応を見ながら意向を探ることが難しくなります。
> - ケアプランに記された長期目標の姿を、相手の長期記憶に訴えられるような言葉で描いていきます。それによって本人がどのように反応するか確認します。ネガティブな反応が認められる場合は、そこに課題が潜んでいる可能性が大きいのです。

12 サービス提供の場での モニタリングの進め方

> **POINT**
> 予測される課題によっては、サービス提供の場面と連続してモニタリングを進める方法もあります。その際の注意点は?

サービスの場でのいろいろな確認

　前項11で、家族のフォローが強すぎる場合、例えば、通所介護の場で本人と1対1になる状況で、改めて本人と面談する方法を述べました（家族には、「ご本人のサービス利用の状況を拝見させてもらう」という具合に申し出ます）。

　それ以外にも、訪問系サービスの際に訪問し、サービス終了後に本人や家族と面談するケースもあります。サービス提供のあり方に課題があると見込んだ場合、まずサービス提供の様子を観察し、終了後の面談では「本人の反応や疲労度」などをチェックしながら、確認をしていくという具合です。

事業者からの事前情報取得の機会に申し出を

　サービス提供の現場に立ち会うわけですから、利用者・家族はもちろん、事業者にも事前に許可を求めます。円滑に進めるには、事業所から事前情報を得る際に、「こうした課題が予測できるので、○月○日のサービス提供の際に同行させてもらって確認したい」などと具体的に申し出ておきましょう。

　ただし、「サービス提供の方法に問題がありそうだ」という予測の場合は、実地で根拠が得られるまでは口にしないほうがいいでしょう。もし、ケアマネジャー側の見立て違いであれば、その後の事業者との関係悪化につながってしまいます。

　訪問系のサービス提供者の場合は、第三者が見ていると過剰に緊張してしまう

12 サービス提供の場でのモニタリングの進め方

図表4-18 サービス提供現場におけるモニタリングの進め方

サービス事業者に対して事前に了承を得ておく	モニタリングの日時のみならず、その目的も支障ない範囲で説明しておく
事前に予測された課題をもとにチェックポイントを整理	限られた時間で仮説検証するので、チェックリストなどを作っておく
サービス前に利用者と言葉を交わして緊張感を和らげる	利用者の緊張を解くことで、サービス提供者側の緊張をほぐすことにも
サービス提供中の言葉がけは慎み、利用者と提供者が過剰に意識しない立ち位置を確保	特に利用者の視界や動線上に入ると、意識がそれて協力動作などがうまくいかなくなることもあるので注意が必要
サービス間のインターバルで利用者の疲労や体調を確認	「いつもと違う環境」のなかで、利用者の疲労などが高まっていないか
サービス終了後は利用者をねぎらい、担当者にヒアリング	予測された課題について、担当者へのヒアリングで根拠を固めていく

4
いざモニタリングへ。実践の流れ

ことがあります。もちろん、それでもきちんとサービス提供を行うのがプロですが、緊張から事故が発生しては元も子もありません。

そこで、サービス開始の少し前に利用者宅を訪問し、利用者とちょっと会話してリラックスできる雰囲気を作りましょう。利用者の緊張をほぐすことは、サービス提供者側の緊張も同時にほぐすことにつながりやすいからです。

サービス提供者と利用者の協力動作に注視して

訪問前には、事前の「物差し」づくりの過程で、サービス提供のどんな部分を重点的にチェックするのかを整理して頭に入れておきます。その際、サービス提

供の流れに沿って、チェックリストを作っておくとよいでしょう。

サービス提供時に動画撮影をするパターンもありますが、機器操作に気をとられて集中力が削がれてしまっては意味がありません。また、画面を通じて見ることで、視野が狭くなってしまいがちな点にも注意が必要です。

当然ながら、立ち合いに際してはサービス提供者と利用者との関係に割って入ってはいけません。ちょっとした声かけでも、両者の集中が途切れ、例えば介助に際しての協力動作がうまくいかなくなることもあります。

特にサービス提供中は利用者の視界に入らないようにし（利用者のほうが「気になる」ことで意識が分散しやすいからです）、1つひとつの動作の流れを予測しつつ、その動線を妨げない位置に自分を置くことを意識します。

終了後に、サービス提供者からのヒアリングも

サービス提供が終了したら、提供者と利用者の双方にねぎらいの言葉をかけます。利用者に対しては、言葉をかけつつ、息遣いや表情、顔色などを確認します。軽いボディタッチで、筋肉がこわばっていないかどうかもチェックしましょう。

利用者とやりとりをしている間に、サービス提供者は記録をとったり、片付けをしていると思われます。それがひと段落したところで、サービス提供中に感じた疑問点などを確認します。最初にポジティブな感想を告げると、相手も安心して率直な疑問などにも答えやすくなります。

以上が終了したところで、利用者の疲労などを再度確認しつつ、面談によるモニタリングを行います。ケアマネジャーとしては、実地で見ている直後なので、「ここまでできていましたね」という指摘がしやすいでしょう。

また、本人や家族も記憶が鮮明であるゆえに、ケアマネジャー側の指摘をもとに「振り返り」がしやすくなるメリットもあります。

12 サービス提供の場でのモニタリングの進め方

図表4-19 サービス提供者からのヒアリングを行う際の注意点

> サービス終了後も、利用者の状態確認や水分補給、そのつどの記録作成など、やるべきことは意外に多い。担当者がひと息つけるまで、利用者の状態確認などを

↓

> いきなり疑問点などを聞いたりすると、相手も身構えてしまいがち。まずは、「お疲れ様」というねぎらいと「よかった点」などポジティブな評価を前面に

↓

> サービス提供時の疑問点については、「勉強不足で申し訳ないのですが、このやり方の理由についてご教示いただけないか」という具合に「教えを乞う」という姿勢で尋ねていく

4 いざモニタリングへ。実践の流れ

まとめ

- サービス提供の状況をモニタリングする必要がある場合は、事前に利用者・家族とサービス提供側に、その目的を伝えつつ了承を得ます。ただし、根拠が得られないまま「サービスに問題あり」という言い方は慎みましょう。
- サービス提供中は、提供者・利用者の動線を妨げたり、両者の集中が途切れてしまうような言動は慎みます。終了後は、利用者の疲労度などを確認しつつ、提供者が記録等を終了してからヒアリングを行います。

13 モニタリングのまとめを利用者と一緒に

POINT
モニタリングを通じ、新たな意向や課題が浮かんできたら、その日の「まとめ」として利用者と一緒に確認します。

モニタリング作業を通じて見えてくるもの

　利用者・家族と一緒にケアプランの目標・課題解決の進捗状況を振り返る。その他、サービス提供の場面や利用者の「している生活」からさまざまな実地情報を得る——その際には、事前に用意した「物差し」を当てていく。

　このモニタリング作業を通じて、事前に予測した「新たな意向や課題」のなかから、事実に即したものが見えてくるはずです。

　ただし、それを「確信」のレベルまで固めるには、「本当にそうなのかどうか」を当事者に確認することが欠かせません。これが「まとめ」となります。

「まとめ」を通じて自助に向けたリスタートも

　利用者や家族にしてみれば、ケアプランの振り返りという協働作業を通じて、自分たちが漠然と抱いていた思いが、少しずつ形となりつつあります。

　そこで、ケアマネジャーから「やはり、こういう部分をもっと改善していきたいですか」と提示されることにより、「ああ、そうだ。それが今の私たちの意向であり、解決すべき課題がそこにあるのだ」という意識化が図られるわけです。

　それにより、利用者・家族自身も「自分たちはどのような努力をしていけばいいか」が明らかになり、自助的な意識を高めることもできます。

　つまり、このモニタリングそのものが、単なるヒアリングの機会ではなく、利

13 モニタリングのまとめを利用者と一緒に

図表4-20 利用者と一緒に行うモニタリングの「まとめ」

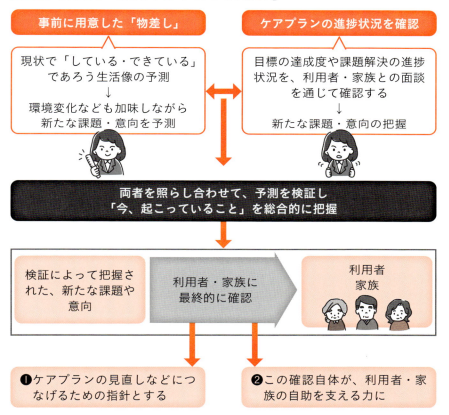

用者の自立を進める大きな支援策の1つとなっているわけです。

　だからこそ、最後の「まとめ」はとても重要です。モニタリングにおける画竜点睛とは、まさにこの部分にあるといえるでしょう。

当事者には「認めがたい話」の場合はどうするか?

　もちろん、新たな課題として見えてきたものが、利用者や家族にとって「あまり認めたくない」こともあるでしょう。例えば、『家族間の意思統一を図る』ことが本人の「私のこの家での役割」を明確にし、目標の進捗に欠かせないというケー

スがあるとします。ここで、「家族で（あるテーマについて）意思統一を図る」ことが課題であると提示すればどうなるでしょうか。家族としては「私たちの誰かが悪いのか」となってしまうでしょう。これでは、関係を壊すことになりかねません。

そうしたケースで必要になるのは、家族自身に「気づいてもらう」ことです。

相手に自発的な「気づき」をもたらすには、「課題を解決するためにはどうしたらいいか」という思考に誘導していくための「問い」が必要となります。

ケアマネジャーの「種まき」から気づきを育む

この「問い」のきっかけをどこに求めるかといえば、利用者本人の意向です。

例えば、ケアプランの振り返りを通じ、ケアマネジャーから本人に対してこんな質問をしてみます。「○○さん（本人）は、この家でどのような役割を望まれているのでしょうか。その意向を果たすことが、○○さんの目標に向けた意欲につながると思うのですが、いかがでしょうか?」という具合です。

そうはいっても、家族の手前、本人もなかなか望む役割や意向を明言できないかもしれません。家族のなかには、「そんな役割なんて意識しないで、自分の体調のことだけ考えていればいい」という人がいる可能性もあるからです。

しかし、家族のなかで「そうか。お母さんが求めているのは、そういうことなんだ」と気づく人が出てくるかもしれません。今まで、療養管理やADLの維持・向上という部分しか見ていなかった家族のなかに新たな視点が生まれるわけです。

ここで、ケアマネジャーは「新たな気づき」を誘う「種まき」に徹し、そこから先は家族内の思考の展開に任せます。いち早く新たな課題に「気づいた家族」が、家庭内の意思統一を図るために他の家族の説得役に回るなど、新たな課題解決に向けたキーパーソンとなる可能性も出てきます。

モニタリングにおける「まとめ」とは、そこですべての解決策を明らかにするだけでなく、こうした「種まき」の方法もあることを頭に入れておきましょう。

13 モニタリングのまとめを利用者と一緒に

図表4-21 利用者・家族自身の「気づき」を誘い、主体的な解決に導く

```
┌─────────────────┐      ┌─────────────────┐
│ モニタリングを通じた │ ───→ │ しかし、それをそのまま │
│ 予測の検証によって  │      │ 利用者・家族に伝えると │
│ 新たな課題を把握    │      │ 角が立ってしまう……  │
└─────────────────┘      └─────────────────┘
         ↓
┌──────────────────────────────────┐   ┌──────────────┐
│ 利用者本人が「どうしたいか」という         │ ← │ 困ったり、行  │
│ 意向に立ち返って、本人が望んでいるであろう │   │ き詰まったら、│
│ 「生活の姿」を示してみる                   │   │「本人の意向」│
└──────────────────────────────────┘   │ に立ち戻る    │
         ↓                               └──────────────┘
┌──────────────────────────────────┐
│ 本人…「確かに自分はそうした思いをもっている」│
│      という自分自身のなかの再発見          │
│ 家族…「本人はそんなことを考えていたのか」と │
│      いう気づきとともに、本人理解が深まる  │
└──────────────────────────────────┘
```

4 いざモニタリングへ。実践の流れ

まとめ

・事前に用意した「物差し」による予測を、ケアプランの振り返りを通じて検証します。新たな課題や意向が明確になったら、それを本人・家族に確認します。それ自体、利用者側が「自らも頑張る」という方向性となります。

・新たに浮上している課題が、本人や家族にとって「認めたくない話」である場合も。その際は、利用者本人が「どうありたいか」という意向に立ち返り、そのビジョンを示すことで本人・家族の気づきへと導きましょう。

143

14 モニタリング終了時の利用者・家族への配慮

> **POINT**
> モニタリング面談が終了したら、
> 利用者・家族に対してどのような配慮をもって
> おいとまずればいいでしょうか。

その後に必要なスケジュールの調整を

　モニタリング面談がひととおり終了したら、その後の予定などを確認します。

　例えば、モニタリングの一環として、通所介護等におけるサービス提供の様子を見せてもらうのであれば、その旨の了解をとってスケジュールを調整します。

　仮にケアプランの見直しが必要となれば、ケアプラン原案の確認やサービス担当者会議の開催などの流れを示したうえでやはりスケジュール調整等が必要でしょう。

最後の最後で「新たな動き」が伝えられることも

　特に大きな変更がなければ、次月のモニタリングに向けて、利用者・家族のおおまかな都合を確認します。その確認を通じて、それまで出てこなかった利用者側の新たな動きが明らかになることもあります。例えば、新たな診療科に通院するとか、白内障のような日帰り手術をするといった具合です。

　もちろん、ケアマネジャー側には事前情報が寄せられていると思われますが、新たな診療科などが入ってくると、主治医にも情報がいっていないことがあります。ケアマネジャーから主治医に情報を伝達する必要も生じるでしょう。

　最後に帳票への印をもらうなど事務的な手続きをしたうえで、再度利用者の体調などをねぎらいつつ、面談に応じてもらったことへの感謝を言葉にします。

14 モニタリング終了時の利用者・家族への配慮

図表4-22 モニタリング終了時に出てくる「新たな情報」

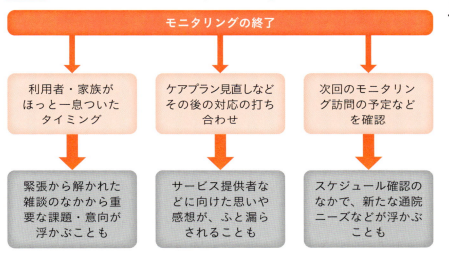

　その際、季節の変わり目であることや、最近では振り込め詐欺等の新たな手口がみられることへの注意喚起なども行いましょう。また、モニタリングを通じて利用者側の意識が啓発されている可能性もあります。その点を見据えて、気になる点などがあったら遠慮なく電話をもらうように伝えておくことも必要です。

・モニタリング終了後に、「その後のケアプランの見直し」や「次回のモニタリング予定の調整」など事務的なやり取りをするなかで、新たな情報が得られることもあります。最後までアンテナを張り巡らせておきましょう。
・モニタリングを通じて、利用者や家族のなかの意識啓発が行われている可能性もあります。ねぎらいの言葉をかけたり、さまざまな注意喚起の話題をするなかで、それまで隠れていた意向などがすっと浮かんだりもします。

＼まとめ／

モニタリング後の
対応について

5

CONTENTS

01 モニタリング情報をどのように整理するか?

02 第5表をまとめつつケアプラン見直しの要否を

03 サービス提供者とのモニタリング情報共有

04 主治医等との情報共有を要するケース

05 虐待の兆候があるなど緊急対応が必要な場合

06 ケアプランの見直しを行った後の動き方

07 指導・監査で問題にされがちなポイント

01 モニタリング情報をどのように整理するか?

> **POINT**
> モニタリングの終了後、どんな意向・課題が新たに認められたかを確認し、必要に応じてケアプランの見直しにつなげます。

モニタリングが終了したら、その結果を整理する

　具体的には、❶ケアプランで設定した目標の達成に予定どおり近づいているかどうか、❷❶の目標達成によって、課題解決が図られているかどうかを確認します。

　そのうえで、仮に❶❷の進捗が滞っているとするなら、その原因はどこにあるのかを分析します。そこには、利用者・家族の新たな意向や生活にかかる新たな課題が浮上している可能性があり、それが当初のケアプランで想定されていなかったゆえに、支援の方向性とうまくかみ合っていないことが考えられます。

当初の意向・課題が打ち消されるわけではない

　事前に用意した「物差し」(新たな意向や課題の予測)をきちんと活用できていれば、モニタリングを実施した時点で、すでに上記の分析はおおむねできているはずです。この分析を、腰を据えて改めて整理してみましょう。

　利用者の心身の状態が変わっていて、利用者・家族ともに「解決したい困りごと」が増えていたとします。その影響によって、利用者・家族の意向にも変化が生じることがあります。例えば、利用者の疾病が悪化している場合、「当面はその疾病の治療・療養に力を注ぎたい」という意向が強まることもあるでしょう。

　とはいえ、それによって当初の意向が打ち消されるわけではありません。

01 モニタリング情報をどのように整理するか?

図表5-1 モニタリング情報の整理❶

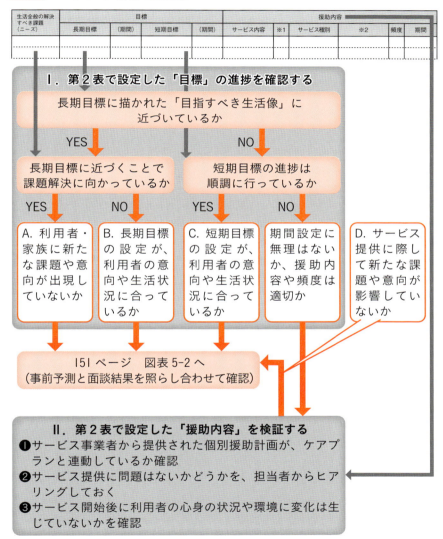

たとえ心身の状況が変化していても、「自分らしくありたい」という生活への意向はしっかりと残っています。それが「引っ込んでしまった」ようにみえたとしたら、丁寧に掘り起こすことがケアマネジャーの役割です。

モニタリングに向けた事前準備（物差しづくり）がしっかりできていないと、目の前の状況・訴えに振り回されがちです。そのため、「引っ込んでしまった意向」が、実は「まだそこにある」ことに気づかなくなる恐れが生じるわけです。

自分の頭をリセットしつつ、腰を据えて整理

とはいえ、モニタリング時に利用者・家族の困惑が大きかったり、「こっちをすぐに解決してほしい」という訴えが強いと、どんなに事前準備を整えていても、なかなか平静ではいられません。ケアマネジャーも人間ですから当然でしょう。

そこで、平静を失っている自分の頭のなかをいったんリセットするためにも、腰を据えて改めて「物差しを当てる」作業が必要になるわけです。

例えば、事前予測では、「Aという意向・課題が新たに出現する可能性があるが、当初のBという意向・課題は、その人の人生を象徴するものであるゆえにしっかりと残っている」と見立てていたとします。

これを頭に入れながら、利用者・家族との協働作業によるケアプランの振り返りをたどってみると、所々にその痕跡がみられることがあります。相手がケアプランを見ながら「早く痛みを和らげたいねえ」と言ったとすれば、その先にある当初の意向・課題を見つめていることが見てとれるはずです。

想定していない意向・課題が認められた場合

さて、問題は事前の「物差し」を当てても計り切れなかった、新たな意向・課題が浮かんだ場合です。この部分は集中して分析する必要があります。

大切なのは、「なぜ、事前の予測から漏れてしまったのか」ということです。ケアマネジャー自身の情報収集が甘かったのか、それとも、周囲の多くの専門職でも把握できないような深い事情（家庭内の特殊な事情など）が、短期間のうちに浮上したからなのか、広く仮説を立てていきましょう。

もちろん、当てずっぽうではなく、モニタリングから得られた情報を根拠とすることを忘れずにしてください。

そのうえで、もう一度アセスメント時の情報をつぶさに見直したり、多職種に

図表5-2 モニタリング情報の整理❷

事前の予測（物差し）	モニタリング面談
❶利用者の「している生活」の変化などに、環境変化等を加味しながら、今の生活像を予測 ↓ ❷予測した「今の生活像」により、どのような課題・意向が新たに浮上しているかを予測	❶図表5-1のA〜Dを通じて、新たな課題や意向が認められる ↓ ❷事前の予測と照らし合わせつつ、新たな意向の実現と課題の解決に何が必要なのかを検討する
例．病状が変化するなかで、当初のアセスメント時よりも、**本人が「療養管理」を優先する意向**が強くなっているのではないかという予測、など	例．当初の「こういう生活がしたい」という望みも決して薄れていない⇒機能訓練と看護による療養管理の連携を強化しつつ**双方の両立**を図っていく、など

確認をとったりします。仮説の「裏」をとっていくわけです。

　新たな意向・課題を把握したら、その過程を第5表にまとめます。その作業を通じて、解決すべき課題の優先順位やケアプラン見直しの要否を明らかにします。

- モニタリングの終了後、まずは第2表の長期・短期目標の進捗と課題解決への道筋を検証します。目標の進捗が順調にもかかわらず、課題解決に近づいていないとなれば、目標設定と意向がズレている場合があります。
- モニタリングを通じて浮上した「新たな課題や意向」が事前に予測できていなかったとして、「なぜ予測から漏れてしまったのか」についても検証します。情報把握が不十分になっている何らかの要因があることも。

まとめ

02 | 第5表をまとめつつケアプラン見直しの要否を

> **POINT**
> モニタリング結果を第5表にまとめつつ、
> ケアプランの見直しが必要かどうか、
> どこを見直すかを明らかにしていきます。

厚労省の通知による「記すべき項目」は?

　モニタリング結果を整理したら、第5表（居宅介護支援経過記録）にまとめます。「経過記録」ですから、時間経過に沿って、「なぜそうなったのか」が保険者だけでなく利用者・家族、あるいは多職種にもわかるように記します。

　記載方法ですが、厚生労働省の通知では以下のような項目が示されています。❶利用者や家族の意向・満足度など、❷援助目標の達成度、❸事業者との調整内容、❹ケアプランの変更の必要性などです。加えて、ケアマネジャー自身がどのように動いたのか（どのような対応をとったのか）もわかるようにしたいものです。

　これらを、項目ごとに整理して記すことが求められます。

「なぜそうなったのか」が第三者にもわかるように

　上記のように、大切なのは「なぜそうなったのか（「なぜそうした対応をとったのか」も含む）」について、第三者がみても理解できるようにすることです。

　となれば、面談時の状況だけを記すのではなく、事前の「物差し」（予測）をどのように立てていったのかという過程も記す必要があります。

　具体的には、面談前に利用者から電話等による訴えがあったことや、多職種から何かしらの情報提供がもたらされたこと、利用者について何らかの環境等の変

02 第5表をまとめつつケアプラン見直しの要否を

図表5-3 第5表(居宅介護支援経過記録)のまとめ方

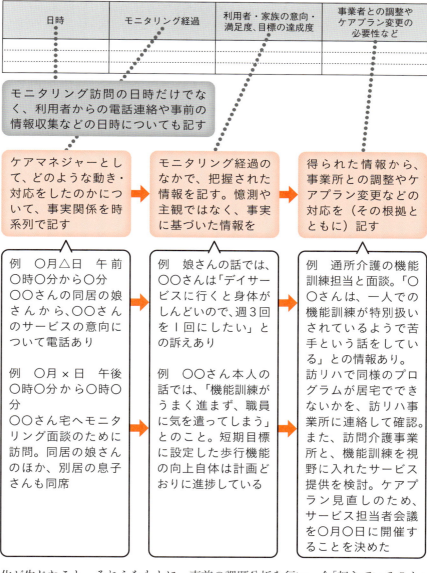

化が生じたこと、それらをもとに、事前の課題分析を行い、今「起きていること」の予測を立てたこと、そのうえで面談にのぞんだこと……という具合です。

もちろん、面談を通じて新たな意向や課題が明らかになったとして、再度多職種などから情報を得るなどの事後的な状況についても記します。

新たな課題が浮上すればケアプラン見直しの必要も

　このように第5表をまとめていくなかで、新たに浮上した意向の実現や課題の解決のためには「何が必要か」という判断が整理されていきます。

　具体的には、「目標の達成度が当初より進んでいない」→「それはなぜかを分析するなかで新たな課題が浮上した」→「その課題解決のために、新たな目標を設定しつつ、支援策も考える必要がある」といった流れです。

　新たな課題が浮上し、その解決に向けた目標と具体的な支援を設定するとなれば、当然ながらケアプランの見直しが必要となります。

　問題は、そこまではっきりと見直しの必要性が浮かばない「グレーゾーン」です。例えば、利用者の心身の状況やサービスへの満足度が大きく変化しているわけでもなく、目標の進捗も滞っているわけでもないというケースがあったとします。しかし、一部の家族から「本人には、もっとこういうサービスが必要」という意見が出るなど家族内の意向のズレが目立ってきました。このまま放置しておくと、本人の意欲低下から目標の進捗が大きく低下することも考えられます。

見直しのグレーゾーンをどのように考えるか

　上記のケースの場合、家族内の意向のズレなので、ケアマネジャーとしてはタッチしにくい部分です。課題が顕在化したところで動けばいいのではないか——そう考えるかもしれません。

　しかし、新たな課題が浮上する可能性が高いことがわかっているにもかかわらず、それを放置してよいのでしょうか。一度（ケアプランを見直すことも見据えて）サービス担当者会議などを開き、多職種の意見も踏まえつつ家族内の意思統一を図ったほうがいいのではないか——という考えもあるでしょう。

　ここで立ち返りたいのは、やはり本人・家族の意向です。

　例えば、モニタリング面談時に「家族の意向の不一致」という課題が見えたら、

02 第5表をまとめつつケアプラン見直しの要否を

図表5-4 第5表に記す「物差し」づくりの過程

日時	モニタリング経過	利用者・家族の意向・満足度、目標の達成度	事業者との調整やケアプラン変更の必要性など
○月○日	事業所にて、○月○日の○○様宅へのモニタリング訪問準備	主治医より「本人の白内障が進行している。手術を勧めているが、本人が拒否している」 ↓　　　　↗ 白内障の進行により、生活行為に生じている影響について、訪問介護事業者に確認	訪問介護事業者から「立位・歩行介助に際して、本人が怖がる状況が増えた」とのこと ↓ ※この後に、文字色を変えて、ケアマネジャーの見解とモニタリング訪問時の確認ポイントを記す

本人と家族内のキーパーソンに「これからどうなさりたいですか」ときちんと尋ねます。そのうえで「家族だけでの話し合いが難しければ、サービス担当者会議を開くこともできます」と提案する方法もあるでしょう。

　家族間という内輪で生じている課題であっても、専門職として「課題解決の場は開いている」と意識づけることが大切です。これだけでも、本人の意欲低下を防ぐことにつながります。

・第5表の記載は、「事実関係がどうなっているのか」について、第三者が見ても理解できることを頭に入れます。ケアプラン変更などケアマネジャーの判断を記す場合でも、その根拠をしっかりと示すことが必要です。
・モニタリング前の「新たな課題・意向にかかる予測」（物差し）を立てる場合は、その予測がどうやって立てられたかという経緯も第5表に記しておきましょう。これがあれば、モニタリング訪問の経緯がわかりやすくなります。

03 サービス提供者との モニタリング情報共有

> **POINT**
> 整理したモニタリング情報のうち、
> サービス提供者との間での
> 迅速な共有が必要なものを押さえましょう。

共有によって現場の「気づき」をうながす

　整理したモニタリング情報については、ケアプランの見直しが必要という以外でも、サービス提供者との間で共有を図ることが必要です。

　例えば、現状では目標達成の進捗や利用者の満足度に大きな変化はなくても、将来的に「変化が生じうる」という予測が認められたとします。

　その場合、モニタリングから得られた「変化をもたらしうる要因」について、サービス提供者と共有することが望まれます。

　それによって、サービス提供現場での「気づき」をうながし、チームで経過把握を行うことで、「変化」に際しての早期の対応を図ることができるわけです。

　また、現状でケアプランの見直しは行わなくても、ケアマネジャーとサービス提供側の連携を通じて、個別サービス計画の見直しを図る必要もあるでしょう。

前後の情報も伝えつつチーム内の信頼確保を図る

　ただし、伝えるべき情報を部分的に抜き出しても、前後の状況がわからなければ、伝えられた側も「なぜこうなったのか」を十分に理解するのは困難です。

　そこで、第5表をまとめた時点で記録をすべてサービス担当者に渡し、特に注意してもらいたい点については口頭で伝えるようにします。

　具体的な支援内容の見直しが必要と思われる場合には、サービス担当者と時間

03 サービス提供者とのモニタリング情報共有

図表5-5 サービス事業者・主治医にモニタリング情報を伝える際の注意点

モニタリングを通じ新たな課題・意向が明らかになった場合	課題・意向に変化はないが目標の進捗が滞っている場合	プランは順調に進捗中だが将来的に変化が見込まれる場合

↓ ↓ ↓

直近のモニタリングにかかる第5表の経過記録をひと通り提供したうえで、ポイントを赤字（アンダーライン）で記し、相手に対して「何を求めているか」という趣意書を添える

↓ ↓ ↓

ケアプラン変更を含めた対応案を提示して意見を求める	事業者と面談したうえで個別援助計画の変更などを検討	予測される状況変化に気づいた場合の情報提供を依頼

をとって面談し、改善策についてすり合わせます。その際は「アドバイスをいただけて大変助かった」という意思をきちんと伝えましょう。チームの一員としての信頼を確保することも、モニタリングのもう1つの目的と考えたいものです。

- モニタリング面談を行った後、主治医やサービス事業者とのやりとりが必要になった場合、（事前予測からの）経過記録を提示したうえで、ケアプラン変更を含め「相手にどんなことを求めているか」を明確に伝えます。
- 仮にケアプランの進捗が順調であったとしても、「将来的な変化が予測される」という場合は、その旨をサービス事業者等に伝えます。そして、「変化の兆候などに気づいた場合の情報提供」を求めていくことが望ましいでしょう。

まとめ

04 主治医等との情報共有を要するケース

> **POINT**
> モニタリング情報は、
> 利用者と主治医等との共有も必要です。
> どんなケースでどのように共有すべきでしょうか。

情報を「取り次いでくれる人」でもOK

　モニタリング情報をまとめるなかで、主治医等との共有が必要になるケースもあります。例えば、疾病等が利用者の生活状況に影響をもたらしている場合、あるいは服薬や栄養に関して何らかの課題が浮上しているといった場合です。

　こちらのケースでも、できれば面談による情報提供が望ましいですが、主治医が忙しくてなかなか時間がとれないことも多いでしょう。

　そこで、地域医療連携室のスタッフや連携ナースなど、「情報を取り次いでくれる担当」をあらかじめ確認して、モニタリング情報の提供方法などについてすり合わせておきます。地域によっては、ICT等による医療・介護連携のしくみが整っているケースもあるので、包括等に確認してみましょう。

主治医に何を期待しているのかを明確にする

　大切なのは、情報提供を行うことで、主治医等に対して「こちらが何を期待しているのか」を明確にすることです。ただ情報を渡して「今後の診療等の参考にしてください」というのでは、相手も戸惑うだけです。

　ケアマネジャーとして主治医等に何を期待するかといえば、最も大きいのは「今後の症状がどうなっていくか」という予後予測です。

　ケアマネジャーなりに生活状況の予測はできているわけですから、その見解と

04 主治医等との情報共有を要するケース

図表5-6 主治医に対して情報提供を行う場合のシート例

ご利用者名　○○○○様　（男性・○歳）					
要介護度　　　　認知症高齢者日常生活自立度　　　　障害高齢者日常生活自立度					
確認日時	疾病にかかる自覚症状等	服薬管理の状況	口腔機能や皮膚の状況	ADL・IADLにかかる状況	備考

疾病にかかる本人の自覚症状の訴えのほか、同居家族やサービス担当者等が気づいたこと

服薬管理が自立できているか、他の診療科等からの新たな処方等が発生しているか

口腔ケアや入浴・清拭介助などを通じて、サービス担当者が気づいたことなど

本人の運動機能などが急速に変化している場合、具体的な状況について記す

ケアマネジャーから見た予後予測や必要と思われる支援についての見解など

「それに対してどのような支援策を考えているか」を伝え、主治医側に意見を求めるという流れになります。もちろん、サービス担当者と同じく「アドバイスをいただけて大変助かりました」という謝意もきちんと示しましょう。

・モニタリングを通じ、疾病の悪化等が利用者の生活に大きな影響を及ぼしていることが明らかであれば、そのつど主治医と情報共有をします。主治医が多忙な場合、情報を取り次いでくれる担当者を確保しておきます。
・モニタリング情報を提供するだけでは、相手も「何を求められているのか」がわからずリターンは望めません。ケアマネジャーとしての予後予測や今後の対応案などの見解を記すなど、相手がアドバイスしやすい仕掛けを考えましょう。

まとめ

05 虐待の兆候があるなど緊急対応が必要な場合

> **POINT**
> モニタリングで「家族による虐待の兆候」など、
> 緊急対応の必要性が浮かんだ場合は
> どのように動くべきでしょうか。

事前情報があれば、面談の前に関係機関と連携

　モニタリングを通じ、緊急対応を要するケースが把握されることもあります。

　例えば、家族による虐待の兆候（ネグレクトを含む）、利用者自身がうつ病などを発症し「自死願望」などを口にするといったケースなど。

　いずれも、サービス担当者などから事前に情報がもたらされることが多く、ケアマネジャーとしても一定の心づもりができることもあります。

　その点では、モニタリング面談の前に関係機関（包括や行政、保健センター）と連携しながら、いざというときのための手を打っておくことが必要です。

どのようなケースでも、早期からのリスク予測が基本

　具体的には、どのような流れになっていくでしょうか。家族による虐待リスクを例にあげて、ケアマネジャーとしての動きを想定してみましょう。

　まず必要なのは、早期からのリスク予測です。家庭内の状況から、特定の家族に介護負担が集中しやすいなどの把握はできるでしょう。

　これがすぐに虐待という事象に結びつくわけではありませんが、当の家族の健康悪化などさまざまな課題の温床になるのは間違いありません。

　この家族の介護負担にかかるリスクが今どうなっているか、そして、今後どうなっていくかという予測のもとに「物差し」の1つとして設定します。

05 虐待の兆候があるなど緊急対応が必要な場合

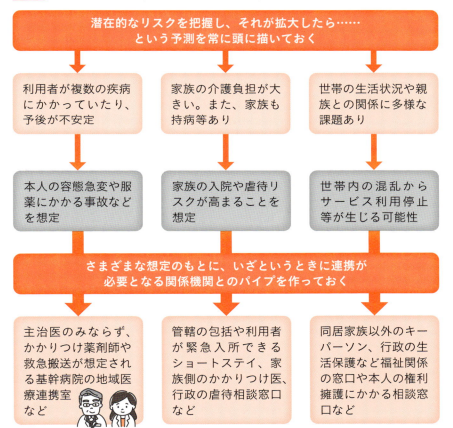

図表5-7　緊急時対応を的確に進めるための事前準備

この「物差し」に合わせて、サービス担当者に「注意を払ってもらう」ことを伝え、虐待等の兆候にかかる情報が随時手元に集まるようにします。ネグレクトでいうならば、利用者の体重減少などの情報も重要になります。

リスク拡大が認められたら関係機関との連携を

サービス担当者などからの情報で「リスクが拡大している」という兆候がみられたら、包括に状況を伝えて、いざというときの心づもりをしてもらいます。

そのうえで、ケアプランの見直しも想定しつつ、モニタリング面談を行います。状況がこじれてしまうと、「家族が同席しない」とか「面談自体、拒否される」という事態になってしまうこともあります。そこまでこじれてしまう前に、先回りで状況を把握していくことが大切です。

面談に際して注意したいのは、虐待を想定するあまり、無意識のうちに身構えながらの面談になってしまうことです。家族も過敏になっている状況の場合、こうした空気はすぐに相手に伝わり、その後の支援拒否につながりかねません。

あくまで家族の疲労・心労を気遣いつつ、短期入所等のレスパイトサービス利用について意向を確認するなどを面談の名目としておきましょう。

こうした支援経過は、常に包括にも伝えておきます。本人や家族に精神疾患などの兆候がみられた場合は、保健センターなどの協力をあおぎます。

まったく想定していない緊急事態の場合は?

もう1つ、想定していない緊急事態として、本人や家族が予兆なく急病や事故に遭遇したというケースでの動き方もあらかじめ定めておきましょう。

あまり不幸な想定をしたくないのはもちろんですが、例えば、親族が急死するといったケースもあります。それがキーパーソンでなくても、本人や他の親族には大きなダメージとなります。例えば、キーパーソンなどからこうした急報があった場合、相手が混乱している状況にも配慮しつつ、「何か私で相談に乗れることがありますか。遠慮なくお申し出ください」とつながりをつけておきます。

ケアマネジャーとしては、「利用者の身内の不幸などにあまり深入りしないほうがいいのでは」と考えがちです。難しい問題ですが、1つだけ言えることは、「その後、利用者の生活がどうなっていくか」という思考は止めないことです。

相手の家庭内が混乱しているようなら、電話で様子をうかがいつつ、そこから得られる情報でこれから先の予測を固めていきます。そのうえで、落ち着いたタイミングを見て、モニタリングに入るという流れになります。

05 虐待の兆候があるなど緊急対応が必要な場合

図表5-8 「いざというとき」のための対応チャート

最優先で情報共有を図るべき機関はどこか？
〜ケース別で**「情報共有」のマニュアル化**を図る〜

⬇

利用者の身上監護に向けた「受け皿」はどこか？
〜**ショートステイや権利擁護機関**などの地域資源と連携〜

⬇

利用者のQOL低下を防ぐためのケアプラン見直し
〜緊急の**サービス担当者会議**などを、どこでどのように開催するか〜

⬇

一連の対応後のモニタリング
〜**第5表の経過記録**を作成し、関連機関と共有を図る〜

> **まとめ**
> - 虐待などへの緊急対応も、事前のリスク把握ができているかどうかでスピードや実効性が変わってきます。「虐待が生じそうだ」という主観ではなく、リスクがどれだけ高まっているかという背景を客観的に把握しましょう。
> - 時には「まったく想定していない」という緊急事態も発生します。その場合でも、いざというときの関係機関との連携などをパターン別にマニュアル化しておくことで、混乱状態に陥るのを防ぐことは可能です。

06 ケアプランの見直しを行った後の動き方

POINT
モニタリングの結果、ケアプランの見直しに至ったとします。そこで必要なこと、見直し後に必要なことを考えます。

まずは、ケアプラン原案の作成

モニタリングの結果を受けて、ケアプランの見直しに至ったとします。

まずは、新たな意向の実現や課題の解決を主眼においたケアプラン原案を作成します。サービス事業所などは変えず、目標や支援内容の見直しによって対応することもあるでしょう。それまでのサービス事業所を継続する場合は、ケアプラン原案の作成と並行して、論点をまとめて各担当者に伝えておきます。

見直し原案の提示機会もモニタリングの意識をもって

ケアプラン原案ができたら、いったん利用者と面談して原案を提示しつつ、サービス担当者会議の開催を申し出てスケジュール調整を行います。

この原案提示に際しては、その機会もモニタリングの一環であるという意識が必要です。当然ながら、サービス担当者会議などを経てケアプランの見直しを行う間にも、新たに浮上した課題は進行しているからです。

利用者と面談する場合には、モニタリング面談と同様に、現状でその人の生活がどうなっているかを予測しておくことが必要です。

このとき、ケアプラン原案を提示すること自体が大きな意味をもってきます。

ケアプランを見直すわけですから、利用者には新たな「困りごと」が浮上しています。本人も家族も、「一刻も早く、それを解決したい」と考えています。

06 ケアプランの見直しを行った後の動き方

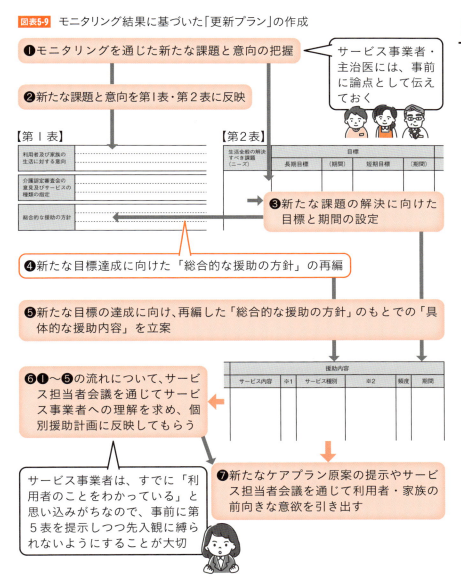

図表5-9 モニタリング結果に基づいた「更新プラン」の作成

そうした状況で、見直しのケアプラン原案とそのなかの新たな支援方針を示すことは、利用者・家族にとって心強さを増すきっかけとなります。ケアプラン原

案の提示そのものが、生活意欲の向上を後押しする支援策となるわけです。

サービス担当者会議で生じがちな「思い込み」に注意

　次に、サービス担当者会議を通じてケアプラン原案の検討を行います。

　おおむね論点が絞られているわけですから、初回のケアプラン作成よりも中身の濃い議論が期待できるでしょう。サービス事業者の多くも利用者のことを「よくわかっている」わけで、新たな意向や課題にかかる理解も深まるはずです。

　注意したいのは、「利用者のことをよくわかっている」ゆえに、時として「この人にはこういう支援が必要なはず」という思い込みが生じることです。

　ケアマネジャーのモニタリングにおいては、思い込みや先入観を払しょくすることが大切であると述べてきました。しかし、主治医やサービス担当者も思い込みや先入観を「払しょくできている」とは限りません。

　ここで、事前のモニタリング記録の提示が意味をもってきます。モニタリング記録の提示によって、利用者・家族の生活に「新たな一面」が生じていることへの理解を得ておくわけです。つまり、常日頃からのモニタリング情報の共有は、ケアプランの見直しを適切に進めるうえでの前提となるわけです。

直後のモニタリングで事業者側の緊張感を高める

　当然ながら、見直したケアプランに基づいて、サービスごとの計画も見直されます。

　注意すべきは、新たな意向や課題に対応した「見直し」にもかかわらず、サービス事業者によっては、その趣旨を十分理解しないまま、「計画の一部をちょっと変更した」というレベルになってしまうことです。

　事業者にとっては、労務管理上の変更などを最小限に抑えたいがゆえに、それまでのサービスの流れを大幅に変えるのを嫌がる傾向があるからです。

　そうしたケースで、「事業者に指摘しても、なかなか改善されない」場合はどうすればよいでしょうか。ここでもモニタリングが重要になります。

　まず、見直したケアプランによるサービスが開始された時点で、サービス提供

06 ケアプランの見直しを行った後の動き方

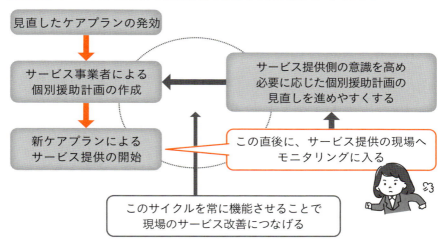

図表5-10 サービス事業者側の意識を高めるための「直後のモニタリング」

現場に同行します。そのうえで、見直したケアプランに沿ったサービス提供になっていないことや利用者が満足していないといったことが明らかになった場合は、速やかにその記録を事業者へ提示します。

　サービスの不具合にかかる記録が残ることは、事業者としても緊張を高めざるを得ず、適切な計画見直しにかかるプレッシャーとなります。

> **まとめ**
> - モニタリングによって「ケアプランの見直し」が必要になった場合、速やかにケアプラン原案を作成して利用者・家族に提示し、サービス担当者会議を開催。この一連の実務も、利用者側の安心の確保と意欲の向上につながります。
> - サービス事業者の多くは、すでに「利用者との付き合い」があり先入観が生じやすくなります。新たな課題や意向の出現がよくわかるように、サービス担当者会議前に「論点」として提示し、先入観の払しょくに努めてもらいます。

07 指導・監査で問題にされがちなポイント

POINT
保険者による実地指導や監査において、モニタリングに関してはどのような点が問題にされがちなのでしょうか。

運営基準減算の対象か否かがまず問われる

　最後に、実務面で重要な課題を取り上げます。それが、実地指導や監査に際して、保険者はモニタリングのどのような点に着目しているかという点です。

　必ず実施されるのは、指定基準と照らし合わせたうえでのチェックです。

　まず、第13条（指定居宅介護支援の具体的取扱方針）の第14号に示された以下の内容です。具体的には、❶少なくとも毎月１回、利用者の居宅を訪問し、利用者への面接によるモニタリングを行っているか、❷少なくとも毎月１回、モニタリングの結果を記録しているか、というものです。

　この❶、❷については「特段の事情のない限り」とされていますが、この場合の「特段の事情」については102ページで述べたとおりです。この「特段の事情がない限り」❶、❷を行っていない場合は運営基準減算の対象となります。

サービス事業者との情報共有もチェックの対象に

　次に、モニタリングの記録において、以下の内容がきちんと記されているかどうかです。具体的には、❶利用者・家族の意向・満足度、❷目標の達成度、❸計画変更の有無、などとなります。詳細は152ページを参照してください。

　ちなみに、事業者からの情報取得がモニタリングにおける重要な一過程となるなかで、事業者からの報告を受けるという責務が絡んできます。具体的には、ケ

07 指導・監査で問題にされがちなポイント

図表5-11 モニタリングにかかる指導・監査でのチェックポイント

※市区町村の条例によって追加されたり、変更される事項もあり

運営基準第13条第14号等にかかる事項

❶ 少なくとも月1回、利用者の居宅訪問かつ面接でモニタリングを実施しているか

❷ 少なくとも月1回、モニタリングの結果を記録しているか（第5表の作成）

❸ モニタリングの結果の記録を2年間保存しているか

※❶、❷については、「特段の事情（利用者側の事情）」がない限り、実施していないと運営基準減算の対象となる→1か月目で50%減算、2か月目から報酬は算定されない

モニタリングの記録に以下の内容が記載されているか

❶ ケアマネジャーが日頃のモニタリングを通じて把握した課題等が記されているか

❷ 運営基準に記された主治医等との情報共有の経過が記されているか

❸ サービス事業者側の加算にかかる情報共有の経過が記されているか

❹ 上記の「日頃のモニタリングや情報共有」が時系列でわかりやすく記されているか

❺ 上記の「日頃のモニタリングや情報共有」の手段（電話、面会他）が適宜記されているか

❻ 利用者の意向や満足度にかかる評価が記されているか

❼ 目標の達成度がどうであったかという評価が記されているか

❽ 目標の達成度について、特にADL・IADLにかかる評価が記されているか

❾ 目標が未達成（一部未達成含む）の場合の理由の分析が記されているか

❿ 目標が未達成の場合に、その状態を放置せずケアプラン見直し等につなげているか

⓫ ケアプランの見直しの有無が、その理由とともに記されているか

⓬ 利用者の満足度や目標の達成度などが、項目別に整理して記されているか

⓭ 作成年月日や記入者名の記載に漏れはないか

アマネジャーへの報告や相談が求められている加算（例．個別機能訓練加算や通所介護の栄養スクリーニング加算など）について、適切な報告を受けたということがモニタリング記録に記されているかどうかです。

　これらは、サービス事業者側の加算要件ですが、直近における利用者の心身・ADLの状況を把握するうえで欠かせない情報となります。制度上でも、ケアマネジャーのモニタリングの質向上を図るという目的があり、情報がきちんと伝わっているのかどうかが、指導・監査でもチェックの対象となるわけです。

目標が未達成の場合の要因が分析できているか

　昨今の介護保険制度の見直しでは、介護保険の目的の1つである「利用者の自立支援・重度化防止」を重視する流れが強まっています。当然、モニタリングにかかる実地指導や監査においても、強く問われる点と考えましょう。

　例えば、モニタリング記録への記載が求められている「目標の達成度」ですが、利用者のADL・IADLの維持・向上につながるような効果があったかどうかについて、できる限り客観的な指標での評価がチェックされる傾向にあります。

　具体的には、目標に関連するADL・IADL項目について、その1つひとつがどのように変化したかが比較できるような記載を心がけましょう。

　なお、「目標の達成度」においては以下の点に注意しましょう、例えば、評価期間を経過するなかで部分的あるいは全体として「未達成」となったとします。その場合、「なぜ未達成だったのか」という要因が記載されているかどうかもチェックの対象となります。

　そこに新たな課題の浮上があるとすれば、その課題が出現した背景には何があるのか。その点がきちんと分析されているかどうかが問われます。

ADL・IADLと利用者の満足度の関係にも注意

　もっともADL・IADLの達成だけにこだわってしまうと、それによって利用者の意向の達成や課題の解決が図られたのかという点を見失いがちです。

　例えば、ADL・IADLの維持・向上が図られているのに、利用者の満足度が低いという場合、潜在する課題を見失っていたか、あるいは新たな課題が浮上している可能性があります。その部分についても、しっかり掘り下げができているかどうかを常に自己チェックすることが必要です。

　仮に保険者のチェックが入らなくても、注意しておきたいポイントです。

07 指導・監査で問題にされがちなポイント

図表5-12　常に「その背景」を探り、それを記録に残すことが基本

A　モニタリングを通じて把握された事項（例）
- 利用者・家族からの新たな訴えや浮上している課題
- 利用者・家族が漏らしているサービスへの不満・不安
- ケアプランで設定した目標の未達成、進捗の滞り
- サービス担当者から得られた、サービス提供時の「気づき」にかかる情報
- ケアプランの見直しが必要というケアマネジャー自身の判断

B　常に、「それはなぜか？」を明確な根拠のもとに分析

AとBを常にセットで記しているかどうかが
実地指導等では重視されてくる

- 実地指導等でチェックされるのは、大きく分けて、❶「月1の訪問・面会によるモニタリングを実施しているか」等の運営基準減算にかかる部分、❷モニタリングの記録に必要な事項が整理されているかどうかです。
- モニタリングを通じた日々収集される情報や多職種と共有される情報について、常に「それはなぜか?」という根拠をもった分析を行い、その経緯を含めて（第三者が見てもわかるように）記録化する習慣をつけましょう。

＼まとめ／

事例で振り返る
モニタリングの勘所

6

CONTENTS

01 サービス開始後の初めてのモニタリング
―「使ってみて」の課題を把握し、目標の進捗と生活への影響を見極める―

02 一見、経過順調ケースでのモニタリング
―表に出ていない課題はないか、ケアマネジャーの掘り起こし能力が試される―

03 利用者からの相談を受けてのモニタリング
―利用者の混乱した訴えを整理し、潜んでいた課題を見極める―

01 | サービス開始後の初めてのモニタリング
―「使ってみて」の課題を把握し、目標の進捗と生活への影響を見極める―

サービス利用により新たな課題は生じていないか

　ケアマネジャーの森山さんは、担当する利用者の鈴木さん（女性・70歳）のお宅へモニタリング訪問に向かっています。

　鈴木さんは要介護2で、リウマチを患っています。現在は、ご主人（72歳）と二人暮らしです。最近デイケアを利用し始めましたが、この日は、サービス利用後の初めてのモニタリングとなります。

　森山さんの頭のなかにあるのは、何より「目標がどこまで近づいているか」を確認することです。と同時に、「サービスを利用することで、何か生活に変化はないか。新たな課題などが生じていないか」も探ることを意識しています。①

　事前の予測（物差し）では、「（服薬などによる）リウマチの症状の管理について、鈴木さん自身に戸惑いがあるのでは」ということを想定しています。

　また、そうしたことも含めて、デイケア利用がご本人の負担になっていないか。ご主人の奥様への気遣いが強いので、ご本人の負担がご主人の生活にも影響を与えていないか。そうした「新たな課題」の可能性も頭に入れています。②

　ちなみに、この日のモニタリングには、ご主人の他に息子のお嫁さんが同席する予定です。

ポイント

ポイント①
その日のモニタリングの目的や、どんな点を確認するかについて、事前にしっかり吟味し準備することが必要。これにより「確認漏れ」を防ぐことができる。

ポイント②
「この部分を確認しよう」というだけでなく、事前情報などから「こんなことが生じている可能性がある」という予測（物差し）を立て、（本人だけでなく家族のことも含めて）新たな課題が生じていないかという点にも踏み込んでいく。

01 サービス開始後の初めてのモニタリング

本人・家族に会う前後からモニタリングは始まる

森山 鈴木さん、ケアマネの森山です。今日はよろしくお願いします。

嫁 お待ちしていました。どうぞ上がってください。

森山 ありがとうございます。お義母様の調子はいかがですか。お疲れの様子などないですか。③

嫁 元気にしていますよ。今日も森山さんが来てくれると楽しみにしていました。

森山 本当ですか。よかった、それをうかがい私も安心しました。頑張りすぎていないか、実は心配だったんです。

　居間には、鈴木さんとご主人が並んで座って待っていました。2人とも表情は明るく、森山さんが入ってくるのを笑顔で迎えてくれました。④

森山 鈴木さん、こんにちは。ご主人もお変わりないですか。

鈴木 森山さん、こんにちは。このとおり2人とも元気ですよ。

森山 鈴木さんの元気なお顔を拝見できてよかったです。実は、おうかがいするまで気がかりだったんです。頑張りすぎてお疲れになっていないだろうかって。⑤

鈴木 心配かけてごめんなさいね。このとおり元気ですから安心してください。

森山 はい。ご主人も、お元気そうで何よりです。

夫 おかげさまで元気にしています。妻もデイケアにはだいぶ慣れてきたようで、私も以前より気が楽になってきました。

森山 それはよかったですね。差し支えなければ、そのあたりのことをもう少し聞かせてもらっていいですか。

鈴木・夫 どうぞ、何でも聞いてください。

サービス利用が、家族関係にも影響を与える?

森山 今日は、特に「お家での暮らしで何か変わった」と感じることがあるかについてお聞きしたいと思います。一応お顔を拝見して安心しているのですが、例えば、デイケアに行って疲れて次の日は寝てしまうとか、あるいは日課が変わってしまうとか、「つらいなあ」と感じることはないですか。⑥

ポイント③
本人と会う前に、出迎えてくれた家族と言葉を交わすなかで、「変わったことが生じていない」という点を確認。予測の検証はここから始まっている。

ポイント④
会話をする以前に、本人や家族の表情を観察し、生活の様子や家族間の関係性に変化はないかをチェックする。それによって、「どんな部分から話をすれば、スムーズなコミュニケーションがとれるか」が推し量れる。

ポイント⑤
まずは、相手の今の状態を気遣う言葉を。こちらの「思い」を伝えることで、本人や家族も心を開きやすくなり、コミュニケーションにはずみがつく。

ポイント⑥
この日のモニタリングで「何を知りたいのか」をはっきり言葉にして伝えることで、情報を得やすくしている。また、「例えば、こんなことはないか」という具体例を出すことで、相手も「どんな答えをすればいいか」がイメージしやすい。

事例で振り返るモニタリングの勘所

6

175

鈴木	そうね。確かに最初の2、3回は疲れました。でも次の日まで響くようなことはなかったし、デイのある日とない日で、メリハリがつくので、利用を続けるうちに負担ではなくなりましたよ。
夫	私から見ても、無理しているような感じはないですね。最初の頃は、帰ってくるまで「大丈夫かな。ぐったりしていないかな」と落ち着かない気分だったけれど、いつもにこにこしてデイの話を聞かせてくれるから安心しています。私も気分的に落ち着いたので、妻がデイケアに通う日は、友人と会ったり、好きな映画を見ることにしました。⑦
森山	ご主人は映画がお好きなんですね。以前からよく見に行かれたんですか。
鈴木	私が元気だった頃は、よく一緒に行ってたんですよ。でも、病気になってからは億劫になってしまって……。「私のことはいいから出かけてらっしゃい」って言っても、ずっと家にいるような生活だったんですよ。
森山	ご主人が好きな映画を見に行けるのは、鈴木さんにとってもうれしいことなんですね。
鈴木	そうなんですよ。

ポイント⑦
事前に予測していた「家族の生活への影響」について確認。「家族の負担が減っていない(もしくは増えている)のでは」という課題予測は、ここでクリアできた。

サービス現場の光景を具体的に浮かび上がらせる

森山	デイケアでの様子も聞かせていただけますか。送迎の時間は早過ぎませんか。お薬がまだ効かない時間だったりして、お身体の負担になっていませんか。⑧
鈴木	あの時間なら、朝に服用する薬も効いてくるので大丈夫です。むしろ、通う前に不安だったのは、スタッフの方々との関係ですかね。サービス担当者会議に来られていた人以外は、お会いするのが初めてですからね。でも、皆さん気を遣っていろいろと声をかけてくださって、すぐに不安は解消できました。
森山	どんなふうに声をかけてくれるんですか。
鈴木	身体を動かす際に支えていただく場合でも、「ここを支えていいですか」と、そのつどていねいに声をかけてくれます。また、大抵は手を借りずに行っていることでも、「私たちが手伝ったほうがいいことは、遠慮しないで仰ってください」と

ポイント⑧
事前に予測していた「本人の身体への影響」について確認。服薬や送迎時間など、さまざまな情報を組み合わせることで、状況を具体的に聞くことができた。

01 サービス開始後の初めてのモニタリング

6
事例で振り返るモニタリングの勘所

言ってくれるので頼みやすいですね。日によって少しずつ調子が違うから、そうした細かい気遣いはありがたいです。

森山　よかった、それをうかがって安心しました。森山さんのご病気は、やはり日によって調子が変わったりしますからね。私もちょっと心配していたんです。

ケアプラン変更の可能性がある新情報は重点チェック

森山　デイケアでのリハビリで、実際に身体を使うときの感覚とかはどうですか。ご自分でも、「うまく動かせている」と思われますか。

鈴木　問題ないですね。リハビリの先生とも相談しながらやっているので、自分でも「うまくいっている」と思います。この間、先生に「もう少ししたら、また次の目標を決めましょう」って言われました。

森山　次の目標ですか。（森山さんは、「これは、PTに確認しなくては……」と思いました）⑨ぜひご主人にも相談して考えてくださいね。決まったら私にも教えてください。楽しみにしています。

鈴木　はい、そうします。

森山　では今お聞きしたことから、デイケアについては、今後もこのペースで利用していく、次の短期目標は現在リハスタッフと検討中、でいいでしょうか。⑩

鈴木　それで結構です。

やりとり一つで本人・家族の意欲はさらに高まる

森山　ところで、デイケアの利用以外の過ごされ方で、何かお変わりになったことや、気になっていることはありませんか。以前のお話ですと、⑪身体の調子は夜中から朝が一番つらくて、身体を動かす際はご主人の手を借りることもあると仰ってましたよね。そして午前中にだんだんと楽になり、日中はほとんどご主人の手を借りずに鈴木さんが自分で動かれているとか。

鈴木　そうですね、変わりないと思います……（と夫のほうを見やる）。

夫　妻の身体の調子は、以前と大きく変わったことはないです。

ポイント⑨
その場で「初めて聞く」という情報があったら、漏らさずにメモをしておく。モニタリング後に、時間をおかずに担当者に確認したい。この一連の経過についても、第5表に記すことが大切。

ポイント⑩
ケアプランの変更につながりそうな「新たな意向」が確認できた場合には、その意向をわかりやすくまとめて本人に返し、「これでいいか」を確認する。

ポイント⑪
事前情報で気になった点について、具体的に示す。これにより、「今はどうなっているか」という「過去から現在へ」の線がつながってくる。

177

でも身体の使い方というか、動き方というか、見ていてハラハラすることは本当に少なくなりました（鈴木さんもうなずいている）。

森山　その「ハラハラすることが少なくなった」というあたりについて、もう少し教えてください。

夫　リハビリの先生と訓練しているせいか、以前は身体の使い方で「無理しているな」という動きがあったのですが、少しずつ身体の使い方が上手になったり、私が手を貸す場合でも、妻の側から「こうしてくれ」って言うようになりました。そのほうがお互いに気持ちいいし、私としても手の貸し方がわかりますよね。⑫

森山　それはよかったです。最初の目標はクリアってことですね。⑬（初回の短期目標に「自分の身体の使い方を見直し、上手に使えるようになる」があった）。

ポイント⑫
サービス利用の効果が実感できているかどうかについて、本人や家族の言葉を具体的に掘り下げていく。本人・家族にとって、プラスの効果については饒舌になりやすいので、知りたい情報の厚みが増す部分となる。

ポイント⑬
目標がクリアできている部分について、きちんと評価を伝える。これにより、本人・家族の「もっと頑張ろう」という意欲を高めることができる。

> **まとめ**
> 　サービス利用の開始直後は、サービス自体が「利用者や家族の生活」にさまざまな影響を与える因子となりがちです。プラスの影響もある一方で、本人や家族の負担増などマイナスの影響も想定されます。事前の情報（この場合は、鈴木さんの病状と服薬、送迎時間の関係など）をしっかり精査したうえで、「こんなことが起こっていないか」という予測を事前にしっかり立てておくことが必要です。
> ●キーワード
> 「事前準備の重要性」→第2章04〜09、「本人に会う前から」→第4章05

02 一見、経過順調ケースでのモニタリング
―表に出ていない課題はないか、ケアマネジャーの掘り起こし能力が試される―

6

事例で振り返るモニタリングの勘所

「している生活」が広がることで何が変わる？

今日は、阿部さん（男性・67歳）のお宅にモニタリング訪問です。阿部さんは要介護2で、奥様（65歳）と二人暮らし。脳梗塞の後遺症による右半身マヒはありますが、装具をつけての杖歩行は可能です。その歩行機能を維持・向上させることを目的として、週2回のデイケアに通っています。

認定の更新時に見直したケアプランも半年がたち、デイケアの担当者からの情報によれば、リハビリの経過は順調とのことです。

ただし、森山ケアマネジャーは、「表に出てこない課題があるのでは」という可能性を頭に入れました。例えば、リハビリが進み、「している生活」の範囲が広がることで、本人の身体に無理が加わったり、見守る家族の負担が増えるということもあります。①今日のモニタリングは、そうした課題の確認も行うつもりです。

ポイント

ポイント①
一見順調そうに見えても、水面下で新たな課題が生じていることも。サービス提供者から受け取った情報などをもとに、さまざまな可能性を想定しておく。

本人が始めていた「自主練」。その影響は？

森山 阿部さん、こんにちは。

阿部 あぁ、いらっしゃい。もう森山さんが来る時期か、あれからもう1か月がたったのかと思うと、びっくりだな。正直、毎日が過ぎるのが早い気がしているんだよ。②でも、元気な森山さんの顔を見れてうれしいよ。

妻 本当ですよ。先日予定を知らせてくれてから、いらっしゃるのを楽しみにしてたんですよ、この人。

森山 楽しみに待っていていただけて、よかったです（笑）それに毎日過ぎるのが早いってことは、きっと充実していらっしゃるってことですものね。最近は、家でどんなふうに過ごされているんですか。

ポイント②
何気ない会話のなかから、「今、この人がどのような心理状態にあるのか。それはなぜか」という思考を進める。話の取りかかりのヒントにもなる。

179

阿部	趣味の詰碁を一人でしているか、あとは「自主練」をしているかだな。
森山	自主練? それは何ですか。③
阿部	今度はもう少し外も自由に歩きたいと思って、リハビリの先生に頼んで家でもできる課題を作ってもらったんだよ。それをやっているのさ。
森山	ご無理はされてませんか。大丈夫ですか。④（と阿部さん夫婦の顔を見比べる）
妻	大丈夫です。自主練のときは「監視」は厳しくしていますから（笑）
阿部	リハビリの先生からは、「無理するとかえって結果が出ないよ」とくぎを刺されましたよ。それに、先生から妻が詳しい「自主練の説明書」を受け取っているので、その指示どおりにしていますよ。

ポイント③
本人・家族が自分たちなりの「造語」を使う場合、そこには深い思いやすでに習慣化している何かがある。これを掘り下げることで、「している生活」の状況を掘り下げることができる。

ポイント④
新たに「している生活」が生じている場合、本人の身体や家族の見守りにかかる負担が増えることもある。ケアマネジャーにとっては、事前に想定していた課題の1つ。そのあたりは、しっかり確認したい。

新たな意向とともに、新たな目標設定も必要に

森山	すごいですね。自分から家でもできる課題を作ってもらうなんて。「外」というと、具体的にどこか行きたいところがあるんですか。
阿部	少し前に、孫たちを駅まで迎えに行ったら、「おじいちゃん、迎えに来られるんだね。すごいね！」と褒められた。それがうれしかったから、こんな身体でも出かけるのが億劫じゃなくなったんだ。⑤でもまだ疲れるし、長い距離は歩けないから、まずは図書館とか、デパートとか疲れたら休めるところ

ポイント⑤
家族・親族のちょっとした一言が、本人の意欲を高め、「している生活」を広げるきっかけにもなる。これから先の自立支援の取りかかりのヒントとしたい。

02 一見、経過順調ケースでのモニタリング

がある場所へ行ってみたいと思っている。⑥

森山 そうですね。確かに、図書館やデパートなら座って休むところもありますものね。他にも行きたい場所ややりたいことはありますか。

阿部 そうだなあ、昔よく散歩していたところとかへも行ってみたいなあ。

森山 もう少し自信がついたら、どこにいらっしゃるのか教えてくださいね。

阿部 あぁ、決めたら教えるよ。そのためにもまずは自主練だ。

森山 自主練もケアプランに入れていいですか。せっかく頑張っていること、他のサービス担当者の皆さんにも教えたいです。

妻 そうしてください。これでいいよサボれなくなっちゃいますけどね。

阿部 サボる気なんかないから（笑）

森山 今のお話をまとめると、「家のなかでの移動を含めた身体の使い方は慣れて、不安なことは無くなった。今後は外へ出かける機会をもちたいと自宅でできるリハビリメニューの指導を受け、頑張っている。<u>当面は図書館やデパートへ行くことを目標とする</u>」でいいでしょうか。⑦

阿部・妻（ニコニコしながら）うんうん。それでいいですよ。

表向きの生活に目を奪われず、健康状態もチェック

森山 では、「自主練」以外のことも教えてください。特にご病気のことで、主治医の先生からは何か言われてますか。「家のなかのことは心配ない」と仰っていましたが、<u>特に調子が悪くなることとかはありませんか</u>。⑧

妻 はい、今度から外来に行くのも「2か月に1回でいい」って言われました。病状は落ち着いているそうです（阿部さんもうなずいている）。

森山 それはよかったです。でも自主練はやりすぎないようにしてくださいね。何かいつもと違うなっていうときは、病院に行って相談してくださいね。

阿部 そうだな、無病息災じゃなくて、一病息災を目指していくよ。

森山 そのお気持があれば、自主練も健康管理も長続きできますね。

ポイント⑥
「している生活」の先にある「しようとしている（取り戻したい）生活」の姿を確認。これが新たな目標設定につながってくる。

ポイント⑦
本人・家族のなかに生じている新たな意向をきちんと言語化し、確認したうえでケアプランに位置づけることを提案する。この一連の流れを経ることで、利用者側が「自分たちが何を目指しているか」を意識化することにもつながる。

ポイント⑧
「している生活」が広がる一方で、本人の体調にマイナスの影響を与えていないかもチェック。既往歴を頭に入れたうえで、主治医との間でどのような話がなされているかも確認を。もちろん、主治医と直接情報共有することも欠かせない。

6

事例で振り返るモニタリングの勘所

181

本人の生活が広がるなか、家族の生活状況はどうか?

森山 ところで、奥様のほうのお身体の具合などはいかがですか。⑨

妻 さっきも話したように、以前に比べると私も安心して見ていられるというか、気を張って見守ったりする必要もなくなりました。なので、少し楽させてもらってます(笑)。近頃は疲れも感じませんし、夜もちゃんと寝ています。

森山 それはよかった。気が緩むと疲れがどっと出てしまうなんてこともあるのですが、安心しました。奥様は、自由に出かけることもできていますか。

妻 自由に、ですか。そうですねぇ……。

森山 <u>ご主人のことを気にされている一方で、ご自分のしたいこともなさっているか教えてほしかったんです。⑩</u>

妻 そういうことでしたら、はい。主人が出かけている間に買い物などはしていますし、先日は、主人のお昼の用意だけして、一日出かけさせてもらいました。

森山 お出かけなさったんですか。

妻 えぇ、長いことやっていた習い事の発表会の案内が来まして、どうしようか迷っていたら、主人が「自分なら大丈夫」と言うので、行ってきました。

本人・家族からの情報提供をうながすために

森山 ご主人優しいんですね。奥様が迷っているから、背中を押したんでしょう。

阿部 まあな。いつもよくやってくれているし、私の病気のせいで、習い事も辞めさせてしまったので、せめて発表会くらい行かせてやりたかった。

森山 (妻に向かって) いいご主人ですね。

妻 はい (照れ笑い)。

森山 最後に、<u>サービスを利用していて何か気になっていることや、私にこのニュースを教えたいとかありませんか。⑪</u>自主練も事後報告だったので、私ももう少し早く把握したかったな……と思ったりしているんです。

阿部 それはすまなかったね。そうだなあ、デイケアはいつも楽しく利用させてもらっている。自主練の話もそうだが、リハビ

ポイント⑨
同居家族が少人数である場合、主に介護や見守りにたずさわる家族の体調には常に気配りを。本人の「元気さ」に目を奪われていると、つい確認を怠りがちになるので特に注意したい。

ポイント⑩
「自由に」など、抽象的な言葉での質問は、相手が意図を読み取れず答えに迷うこともある。相手が返答に迷ったら、より具体的な言葉を選び、かつ「なぜ、そういう質問をしたのか」をていねいに説明したい。

ポイント⑪
その日のやりとりのなかから具体例をとりあげ、「こういうことがあったら伝えてほしい」と告げる。本人・家族は「些細なことなので報告するまでもない」と思っていることもあるので、その認識のギャップを埋めておく。

リの先生やスタッフの方々がこちらの話をよく聞いて一緒に考えてくれるので、本当に助かっている。これからもこの身体と仲良く付き合うためにも、デイケアに通いたいと思っているよ。

森山 わかりました。ではまた何かあったら教えてください。今日はありがとうございました。また来月お邪魔できるのを楽しみにしています。

阿部 こちらこそ、楽しみにしていますよ。

まとめ

　サービス提供者などから「ケアプランの進捗は順調」という情報を得ていても、利用者や家族の間では、「大きなイベント（事例では、「自主練」を始めたこと）」が生じていることもあります。本人や家族にとっては、ポジティブなイベントかもしれませんが、場合によっては新たな課題が生じる可能性もあります。本人や家族の意欲を否定してはいけませんが、オーバーワークの兆候などに気づいたら、少しだけブレーキをかけることもケアマネジャーの役割です。

●キーワード
「安定している」「ケアプランの進捗」「新たな課題」→第3章**01**、第4章**07**〜**09**
「生活の変化」→第2章**04**

03 利用者からの相談を受けての モニタリング
―利用者の混乱した訴えを整理し、潜んでいた課題を見極める―

利用者から「相談がある」との電話。どうする?

　渡辺さん（女性・79歳）は、関節痛を患っていて要介護1。娘さん（52歳）と二人暮らしで、娘さんは仕事があるため日中独居となります。本人は、「他人を家に上げるのは抵抗感がある」ということで、週2回の通所介護のみを利用しています。もっとも家のなかでの生活は、福祉用具を上手に使いながらほぼ自立できています。

　担当する森山ケアマネジャーは、その日、渡辺さんから「相談がある」と電話をもらったので訪問することになりました。電話では、何があったのかという詳細は話してもらえませんでしたが、頭のなかではいくつかの想定を立ててみました。①

　例えば、本人の関節痛が悪化したというケース。あるいは、同居する娘さんに、何らかの状況変化が生じたというケース、などです。

　いずれも根拠のない予測ではありません。

　前者では、主治医と連携するなかで「季節の変わり目で痛みが増すことがある」という情報を得ていました。後者では、直近のモニタリングで、娘さんから「これから少し仕事が忙しくなるかもしれない」という話を聞いていたからです。

ポイント

ポイント①
頭のなかを何も整理せずに訪問するより、事前情報から予測されることを描いておきたい。相談内容がその予測とフィットしていれば、冷静な対応がしやすくなる。

03 利用者からの相談を受けてのモニタリング

混乱している相手のペースに、まずは寄り添う

森山　渡辺さん、どうなさったんですか。何かありましたか。

渡辺　すみません、急に呼び出してしまって。

森山　そんなことは構いませんが、相談って何でしょうか。

渡辺　あの、娘が……。

森山　娘さんに何か？ ②

渡辺　先日会社の健康診断があったんですが、病気が見つかって……（涙を流す）

森山　大変なご病気なんですか。

渡辺　乳がんでしたが、早期発見できたので、そんなに心配はないという話です。でも、私がいるから入院するのをためらっているんです。治療を受けて退院してからも、これまでのような世話はできないだろうって、病気になったことより私のことを心配して落ち込んでいるんです。どうしていいかわからなくて、森山さんに電話したんです。

森山　そうでしたか……。ご心配ですね。（少し間をおいて）③娘さんは今後の治療について、渡辺さんのことが心配で迷っていらっしゃるんでしょうか。まだ詳しいことは決まっていないように思ったのですが、私の受け止めで間違いないですか。④

渡辺　はい、結果が出たのが先週で、今週紹介していただいた病院へ行く予定です。そこでもう少し詳しい検査をしなければ、実際にはどうなるかわからないんです。それなのに、入院中や退院後の私のことばかり気にしてくれて……。

相手の混乱の根っこはどこにあるのかを整理

森山　渡辺さんのご心配なさる気持ちもわかるつもりです。でも病気のことはもう少し立たないとはっきり治療の方針も決まらないし、ましてやその先のことはもっとわかりませんよね。⑤

渡辺　それはそうなんですが。

森山　こうしませんか。今の時点でいくつかの予想を立て、その際に渡辺さんの生活に支障がないようにするにはどうしたらよいかを一緒に考えてみませんか。例えば、娘さんが入院したらどうするか、って具合にです。

ポイント②
「娘さんに関係している相談だろうか」と頭を切り替える

ポイント③
この時点では、相手は（何を相談するのかさえわからないくらい）まだ混乱している。そこで、どんどん話を進めようとすると、相手の混乱はエスカレートすることも。ここは、相手が自分のペースで話ができるように「待つ」ことも大切。

ポイント④
自分も相手の感情に流されてしまうと、「お互いがパニック」の状態になってしまいがち。相手の感情は受け止めつつ、「何がわかっているのか」「自分の理解で間違いはないのか」を具体的に示したい。

ポイント⑤
実際は、具体的な状況がまだはっきりしていない。にもかかわらず、漠然とした不安ばかりが膨らんでいる現状をしっかりと認識してもらうことで、「そういえば私は何に悩んでいたのか」という気づきをもたらしやすくなる。

6

事例で振り返るモニタリングの勘所

渡辺	生活に支障がないようにするには、ですか。
森山	はい、もちろん実際にどうするかは娘さんの結果次第です。とはいえ、渡辺さんも娘さんも、<u>ある程度先が見えたほうが安心できるんじゃないかなって思ったんです。</u>⑥
渡辺	そうかもしれません。娘も私もこれからのことに見当がつかないから余計に不安なのかもしれないですね。
森山	じゃあ、今現在、娘さんにしてもらっていることを挙げて、それをどうしたらいいか考えてみませんか。
渡辺	そうですね。そうします。

ポイント⑥
なぜ不安が膨らんでいるのか、それは先が見えないからだ——という道筋を提案することで、不安を軽減させることを狙っている。

まずは、すでに入手している情報をたどってみる

森山	<u>私がお聞きしているのは、朝食と昼食の用意、あとお休みの日は夕食も娘さんが作ってくださるんでしたよね。</u>⑦
渡辺	そういえば、娘の仕事が忙しくなって夕飯が遅くなるからと言ったとき、森山さんが、宅配のお弁当のことを教えてくれたんでしたね。
森山	そのときの宅配のお弁当のように、もしかしたら手当てできることが他にあるかもしれません。
渡辺	娘は他に、お風呂に入れないときに体を拭いてくれます。
森山	お洗濯とかお掃除はどうしていたんでしたっけ。
渡辺	洗濯は、娘が洗濯機を回して干してくれています。私はそれを畳んで、自分の分は自分でしまっています。娘の分は決まったところに置いておくと、自分で片づけています。掃除は、手の届くところは私が簡単に片づけたり、モップで拭いたりして、休みの日に娘が掃除機をかけてくれます。
森山	娘さんがお忙しいときは、帰りも遅くなるっておっしゃっていましたよね。夕飯づくり以外で何か困ることってなかったですか。
渡辺	遅いといっても帰ってきますから、一晩中一人で過ごすことはないです。ですから、特に困るということはないですね。
森山	そうなると、娘さんにとっては、この家に渡辺さんを昼夜一人にしてしまうのが<u>一番心配なのかもしれませんね。</u>⑧
渡辺	でも、親類は皆遠いので、親戚の家に泊まるなどというのもちょっと……。

ポイント⑦
すでに入手している情報を一つひとつ確認することで、以前から何かしらの課題がプラスされていないかを把握する。この課題整理を改めて行うことで、今必要なことは何かという提案を的確に行うことができる。

ポイント⑧
あくまで仮説だが、本人にとっては「娘に何を確認すればいいのか」というポイントを提示することになる。これにより、家族同士で再び話したときに、「どうしたいのか」という意向が明確になってくる。

03 利用者からの相談を受けてのモニタリング

解決策を整理して提示する──これを約束する

森山 こうしませんか。⑨利用する、しないは脇に置いて、利用できる介護保険サービスとそれ以外の地域のサービスをご紹介します。これまで渡辺さんは家に来てもらうサービスはお嫌だということで、利用していませんでしたが、訪問介護で食事の用意や、体を拭いてもらうことができます。もし、一人で家にいることを娘さんが心配するなら施設に短期間だけ入所する（ショートステイ）という方法もあります。

渡辺 そうですね……今ちょっと挙げていただいたサービスについても、正直言ってよくわからないのですが。

森山 今ここでお話ししても、混乱されてしまうんじゃないかと思うんです。それで、私なりに、「こういうサービスがある」ということと、「どんな具合に使えばいいか」について、紙に書いてまとめてきます。そうすれば、それを見ながら娘さんと一緒に考えられるんじゃないかと思うんですが、いかがですか。⑩

解決の糸口が見えたら、ちょっと本音も……

渡辺 そうですね。入退院も何も決まっていないし、娘の検査の結果も見なくちゃ、どうなるかわからないですものね。

森山 そうですよ。とにかく、私が一番心配しているのは、「どうしよう」と悩むあまり二人して具合が悪くなっちゃうことです。⑪

渡辺 あらあら、森山さんにそこまで心配かけては申し訳ないです（笑顔を見せながら）。では森山さんにサービスについてまとめてもらって、それを娘に見せて考えてみますね。

森山 そうと決まったら、急いでまとめてきますね。娘さんの病院へ行く日に間に合わせたほうがいいですよね。

渡辺 そんなに焦らなくていいですよ。できれば来週くらいには作ってもらえると嬉しいです。それにしても森山さんと話して少し気持ちが落ち着きました。私ったら、娘の検査の結果や治療の計画もわからないのに、何を相談しようとしていたんでしょうね（笑）。

森山 お気になさらないでください。できるだけ早めに持ってきたいと思います。「どんなサービスがあるか」ということも大切

ポイント⑨
ここまでの課題分析と仮説にもとづいて、「ケアマネジャーとして何ができるか」を具体的に提案する。相手も、「この人は何をしてくれるのか」がはっきりすることで、具体的な要望を伝えやすくなる。

ポイント⑩
次回までに何をするのか、それによって「利用者にどんな部分に寄与できるのか」という点を明らかにする。まだ「解決の糸口がつかめない」利用者でも、次のケアマネジャーの訪問に対して希望をもちやすくなる。

ポイント⑪
解決の糸口が見えてきたら、自分が「何を心配しているのか」という本音を少し漏らしてもいい。冷静さを取り戻してきた相手にとっては、「この人はこんなに心配してくれていたのだ」と気づくことで信頼を深めてくれる。

ですが、それを「どんな風に組み合わせたらいいか」も考えてみたいと思います。渡辺さんも、今話題にしたことの他に気になることや心配なことが見つかったら教えてください。
渡辺　よろしくお願いします。娘とも話して、何かあったらまた電話をかけさせてもらいますね。
森山　はい、お待ちしています。

　後日、森山さんは、娘さんの治療の状況に合わせて利用可能な介護保険サービスや、地域のボランティア、ショートステイ・泊まりのサービスなどの情報をまとめて、渡辺さんのもとへ届けました。渡辺さんは、それを見て安心した様子で、さっそく娘と相談すると言いました。その後娘さんの治療の方針が固まったところで、渡辺さんと娘さんと面談して意向を聞き、<u>ケアプランの変更を考えていくことになりました。</u>⑫

ポイント⑫
家族の状況が変わることによっても、ケアプランの変更が必要になることは多い。ケアプランは「利用者のため」だが、家族の状況が本人に影響を与えることを考えれば、家族状況に応じた「ケアプラン変更」も常に想定しておきたい。

まとめ

　突然の相談で呼び出された場合、「何事か」と身構えてしまうケアマネジャーも多いはず。しかし、相手を「冷静」にさせ、自分も「冷静」になることで、実は過去にくすぶっていた課題の延長というケースも少なくありません。緊急事態への対処は必要ですが、そうしたなかでも「以前から継続している課題はないだろうか」という点を見極めれば、ケアプラン変更のポイントも見えやすくなります。

● キーワード
「予期せぬモニタリング」「冷静な対応」→第２章 **01**〜**04**

03 利用者からの相談を受けてのモニタリング

6 事例で振り返るモニタリングの勘所

参考文献

①吉田光子「現場で活かすモニタリング力アップ講座」『ケアマネジャー』2018年
　4月号より2019年3月号までの連載。
②吉田光子『ケアマネジャー＠ワーク　ケアマネジャースキルアップ読本─「なぜ」
　がしごとを変えていく』中央法規出版、2012年
③吉田光子『マンガでわかる　ケアマネジャーのためのアセスメント入門』中央法
　規出版、2018年

著者紹介

吉田光子
よしだ・みつこ

郡山ソーシャルワーカーズオフィス代表
一般社団法人福島県介護支援専門員協会副会長

東北福祉大学卒業後、財団法人太田総合病院に就職。財団内の病院にてソーシャルワーカーとして勤務し、乳児から高齢者までのさまざまな患者支援を経験する。また一時、関連法人の特別養護老人ホームに出向した。その後は、在宅介護支援センター、居宅介護支援事業所に勤務し、在宅支援の現場経験を積む。平成15年に退職し、郡山ソーシャルワーカーズオフィスを立ち上げ、現在に至る。
ソーシャルワーカーや介護支援専門員の個人・グループを対象としたスーパービジョン、地域や団体を対象とした研修会講師、また個人の相談に従事している。雑誌「ケアマネジャー」にて『支援をスムーズに進める連携スキルの高め方』を連載中。著書に「ケアマネジャー＠ワーク ケアマネジャースキルアップ読本─「なぜ」がしごとを変えていく」「マンガでわかる　ケアマネジャーのためのアセスメント入門」（ともに中央法規出版）がある。

編集協力

田中元
たなか・はじめ

介護福祉ジャーナリスト

立教大学法学部卒業後、出版社勤務を経てフリーに。介護保険制度の施行直前から国内の介護現場の取材、および福祉先進国であるデンマーク、スウェーデンの視察等を行なう。2000年の制度施行後は、たび重なる改正・改定にかかる解説記事の執筆やケアマネジメント現場の取材、介護事故・事件にかかる裁判傍聴などに活動の力点を置く。現在、週２回、ケアマネドットコムでニュース解説記事を執筆。主な著書に、「ケアマネ新実務便利帳」（翔泳社）、「改正介護保険早わかり」（自由国民社）、「2018年度・改正介護保険のポイントがひと目でわかる本」（ぱる出版）など。

だいじをギュッと！
ケアマネ実践力シリーズ

モニタリング
準備から実践の流れ、事後対応まで

2019年9月20日　発行

著　者　吉田光子

発行者　荘村明彦
発行所　中央法規出版株式会社
　　　　〒110-0016
　　　　東京都台東区台東3-29-1 中央法規ビル
　　　　営　業　TEL 03-3834-5817
　　　　　　　　FAX 03-3837-8037
　　　　書店窓口　TEL 03-3834-5815
　　　　　　　　FAX 03-3837-8035
　　　　編　集　TEL 03-3834-5812
　　　　　　　　FAX 03-3837-8032
　　　　https://www.chuohoki.co.jp/

装幀・本文デザイン　　相馬敬徳（Rafters）
装幀・本文イラスト　　三木謙次
本文イラスト　　　　　北田英梨（ジャパンマテリアル）
編集協力　　　　　　　田中元
DTP　株式会社ジャパンマテリアル
印刷・製本　新津印刷株式会社
ISBN 978-4-8058-5934-6

定価はカバーに表示してあります。落丁・乱丁本はお取り替えいたします。
本書のコピー、スキャン、デジタル化等の無断複製は、
著作権法上の例外を除き禁じられています。
また、本書を代行業者等の第三者に依頼してコピー、スキャン、
デジタル化することは、たとえ個人や家庭内での利用であっても
著作権法違反です。

新刊・好評書籍のご案内

だいじをギュッと！ケアマネ実践力シリーズ

ケアマネ業務に役立つ情報をコンパクトにまとめたシリーズ

知りたいことをピンポイントで学習して、明日の業務に役立てることができる。全12巻！

豊富な図表・イラスト、見開き構成でビジュアルに解説！

モニタリング
準備から実践の流れ、事後対応まで
- ■吉田光子＝著
- ●A5判／202頁　●定価 本体2,000円（税別）
- ●2019年9月発行

社会資源
使い方と活かし方のポイント（仮称）
- ■渡邉浩文＝著
- ●A5判／約200頁　●予価 本体2,000円（税別）
- ●2019年10月発行予定

医療知識
押さえておきたい疾患と薬
- ■苛原　実、利根川恵子＝著
- ●A5判／210頁　●定価 本体2,000円（税別）
- ●2019年3月発行

アセスメント
情報収集からケアプラン作成まで
- ■白木裕子＝編著
- ●A5判／198頁　●定価 本体2,000円（税別）
- ●2019年5月発行

コミュニケーション技術
聴く力と伝える力を磨くコツ
- ■眞辺一範＝著
- ●A5判／214頁　●定価 本体2,000円（税別）
- ●2018年8月発行

認知症のケアマネジメント
すぐに実践できる支援のポイント
- ■長谷川洋、石川　進＝著
- ●A5判／230頁　●定価 本体2,000円（税別）
- ●2018年8月発行

医療連携
医療ニーズの高い人への支援のポイント
- ■鶴本和香＝著
- ●A5判／194頁　●定価 本体2,000円（税別）
- ●2018年9月発行

施設ケアマネジメント
利用者支援とチームづくりのポイント
- ■中野　穣＝著
- ●A5判／190頁　●定価 本体2,000円（税別）
- ●2018年8月発行

面接援助技術
対人援助の基本姿勢と18の技法
- ■髙落敬子＝著
- ●A5判／238頁　●定価 本体2,200円（税別）
- ●2017年12月発行

ケアプランの書き方
押さえておきたい記入のポイント
- ■後藤佳苗＝著
- ●A5判／194頁　●定価 本体2,000円（税別）
- ●2018年1月発行

サービス担当者会議
開催のポイントとすすめ方のコツ
- ■永島　徹＝著
- ●A5判／174頁　●定価 本体2,000円（税別）
- ●2017年12月発行

書類・帳票の書き方・活かし方
仕事の質が変わる！書類事務のコツ
- ■榊原宏昌＝著
- ●A5判／194頁　●定価 本体2,000円（税別）
- ●2017年12月発行